本书编写委员会

主　编：张　涛

副主编：郑晓年　高　军　徐中平　陈宗发

编　委（按姓氏笔画排序）：

　　　　许　虹　李玉杰　李培涛　吴丽辉　何　峻　何晓涛

　　　　张　彤　张世伟　张仲雷　陈天睿　罗　可　罗　雯

　　　　周　亚　郑勇涛　姜守忠　姚　远　高　莲　黄薏静

　　　　韩增玲　潘　欣　潘成利

序

 贯彻实施政府会计准则制度是全面落实党的十八届三中全会关于"建立权责发生制的政府综合财务报告制度"、党的十九大关于"全面实施绩效管理"等决策部署的重要举措，对于科学、全面、准确反映政府资产负债和成本费用，提高政府会计信息质量，加快建立现代财政制度，更好地发挥财政在国家治理中的基础和重要支柱作用具有重要而深远的意义。

 权责发生制政府综合财务报告制度改革是基于政府会计规则的重大改革，其前提和首要任务就是构建统一、科学、规范的政府会计核算标准体系。按照财政部要求，政府会计制度自 2019 年 1 月 1 日起正式施行。为确保新旧制度顺利衔接、平稳过渡，促进新制度的有效贯彻实施，2018 年 2 月，在前期多项政府会计准则制度等文件基础上，财政部颁布《关于印发〈政府会计制度——行政事业单位会计科目和报表〉与〈行政单位会计制度〉〈事业单位会计制度〉有关衔接问题处理规定的通知》（财会〔2018〕3 号），对事业单位执行新制度的有关衔接问题做出了具体规定。

 考虑到科研、高校、医院等事业单位在经济业务、会计核算方面具有各自鲜明的特点和一定行业特殊性，在财政部会计司统一部署下，由中国科学院牵头，联合教育部、中国农业科学院、中国社会科学院等部门资深财会专家，针对新制度尚未规定的科学事业单位特殊业务核算要求、科学事业单位会计制度新旧衔接等问题开展深入研究。2018 年 8 月，财政部发布了《关于印发科学事业单位执行〈政府会计制度——行政事业单位会计科目和报表〉的补充规定和衔接规定的通知》（财会〔2018〕23 号），为整体科学事业单位政府会计改革的落实奠定了理论基础。

此次政府会计改革内容变化较大，在多年的实务工作中，广大科学事业单位的会计工作者已经习惯了现行制度的会计核算模式。在新制度施行日期日益迫近的时期，如何促使会计工作者及时转变观念，跟上政府会计改革的步伐，尤其是顺利完成新旧制度的过渡衔接，是政府会计改革落地的关键问题。为此，中国科学院依据财政部会计司已经颁布的相关政策文件，聚焦于科学事业单位新旧制度衔接的具体操作问题，前瞻部署"政府会计改革制度切换问题研究"课题研究，旨在厘清此次政府会计新旧制度转换的方案和具体规则，理清转换步骤，细化会计科目，统一核算规则，解决政府会计制度转换的具体操作问题。课题组认真研究了政府会计改革的逻辑和内容，特别是针对新旧制度衔接内容，结合科学事业单位具体业务，研究起草了《科学事业单位新旧会计制度衔接工作操作指南》一书，为科学事业单位新旧制度切换和会计信息化系统更新提供了可操作的具体指南。

本书的主要特点如下。

一是注重会计理论与实务操作相结合。本书以科学事业单位执行政府会计准则制度为切入点，系统深入地介绍了科学事业单位新旧会计制度衔接工作的政策、原理、要求、思路和案例等，内容符合财政部出台的有关政府会计准则制度的精神和要求，针对性很强，且具有很强的操作性。

二是设计了具体衔接步骤及操作流程。本书明确了新旧制度衔接各阶段的工作任务、重点内容、节点目标及注意事项；设计了新旧会计制度衔接基础表，用于基础信息数据的采集，指导科学事业单位新旧会计制度的衔接。书中的衔接表格可以作为新旧制度转换的工作底稿。

三是提出了较为具体可行的预算会计新旧衔接思路。为保证预算会计新旧衔接的准确，我们利用原账的资产负债表进行分析调整，直观地反映调整的过程及调整后的余额，并对预算会计衔接的准确性进行验证，这种方式既能帮助会计人员理解《政府会计制度——行政事业单位会计科目和报表》的核算，也确保预算会计新旧制度衔接的准确性。

我们真心希望通过努力，为科学事业单位规范会计核算尽绵薄之力。衷心希望本书能够成为广大科学事业单位财务人员必备的工具书和实务操作指南，帮助财务人员更为深刻地理解和掌握政府会计改革的精髓，保障科学事业单位顺利高效完成新旧制度转换工作。希望科学事业单位以贯彻实施政府会计准则为契机，探索加强会计核算与预决算管理、绩效管理、资产管理、全成本核算、财务智能化等领域的研究，提升财会队伍人员素质，促进实现从"核算型"会计到"参与管理型"会计的转变，将财务管理和科研项目经费管理水平提升到一个新高度。

书中不妥之处，恳请广大读者批评指正。

中国科学院条件保障与财务局

2018 年 10 月

目　　录

第一章 绪 论

一、政府会计改革的背景和进程

我国现行政府会计核算标准体系基本上形成于 1998 年前后，主要涵盖财政总预算会计、行政单位会计与事业单位会计，包括《财政总预算会计制度》、《行政单位会计制度》、《事业单位会计准则》、《事业单位会计制度》以及医院、基层医疗卫生机构、高等学校、中小学校、科学事业单位、彩票机构等行业事业单位会计制度和国有建设单位会计制度等有关制度等。2010 年以来，财政部为适应公共财政管理的需要，先后对上述部分会计标准进行了修订，基本满足了现行部门预算管理的需要，为财政资金的运行管理和宏观经济决策发挥了重要的基础性作用。然而，随着经济社会的发展，预算会计标准体系难以适应新形势、新情况的需要，主要表现为：

第一，不能如实反映政府"家底"，不利于政府加强资产负债管理。

第二，不能客观反映政府运行成本，不利于科学评价政府的运营绩效。

第三，缺乏统一、规范的政府会计标准体系，不能提供信息准确完整的政府财务报告。

党的十八届三中全会审议通过的《中共中央关于全面深化改革若干

重大问题的决定》提出了"建立权责发生制的政府综合财务报告制度"的重要战略部署，新《中华人民共和国预算法》（以下简称《预算法》）也对各级政府财政部门按年度编制以权责发生制为基础的政府综合财务报告提出了明确要求。2014年12月，国务院批转了财政部制定的《权责发生制政府综合财务报告制度改革方案》（国发〔2014〕63号，以下简称《改革方案》），确立了政府会计改革的指导思想、总体目标、基本原则、主要任务、具体内容、配套措施、实施步骤和组织保障。《改革方案》提出，权责发生制政府综合财务报告制度改革是基于政府会计规则的重大改革，总体目标是通过构建统一、科学、规范的政府会计准则体系，建立健全政府财务报告编制办法，适度分离政府财务会计与预算会计、政府财务报告与决算报告功能，全面、清晰反映政府财务信息和预算执行信息，为开展政府信用评级、加强资产负债管理、改进政府绩效监督考核、防范财政风险等提供支持，促进政府财务管理水平提高和财政经济可持续发展。

《改革方案》制定了我国政府会计准则体系实施的时间表，明确要求力争在2020年前建立具有中国特色的政府会计准则体系和权责发生制政府综合财务报告制度。

2015年10月23日，财政部发布财政部令第78号《政府会计准则——基本准则》（以下简称《基本准则》），依据《基本准则》，2016~2017年陆续出台了《政府会计准则第1号——存货》等六项具体准则和《〈政府会计准则第3号——固定资产〉应用指南》（财会〔2017〕4号）。

2017年10月24日，财政部发布《关于印发〈政府会计制度——行政事业单位会计科目和报表〉的通知》（财会〔2017〕25号），2018年2月1日，财政部颁布《关于印发〈政府会计制度——行政事业单位会计科目和报表〉与〈行政单位会计制度〉〈事业单位会计制度〉有关衔接问题处理规定的通知》（财会〔2018〕3号）；2018年8月20

日，财政部颁布《关于印发科学事业单位执行〈政府会计制度——行政事业单位会计科目和报表〉的补充规定和衔接规定的通知》（财会〔2018〕23 号）。

上述文件的出台为 2019 年 1 月 1 日实施政府会计制度奠定了坚实的基础。

二、政府会计改革的总体目标

《改革方案》确立政府会计改革的总体目标是：通过构建统一、科学、规范的政府会计准则体系，建立健全政府财务报告编制办法，适度分离政府财务会计与预算会计、政府财务报告与决算报告功能，全面、清晰反映政府财务信息和预算执行信息，为开展政府信用评级、加强资产负债管理、改进政府绩效监督考核、防范财政风险等提供支持，促进政府财务管理水平提高和财政经济可持续发展。政府会计改革的上述目标，涉及的改革内容很丰富，涉及的改革领域也比较多，可以归纳为"一套标准、两份报告、三项制度、四项措施"。

一套标准，是指要建立一套统一、科学、规范的会计标准体系，主要包括政府会计基本准则、具体准则及应用指南和政府会计制度。基本准则，作为我国政府会计的"概念框架"，主要起统驭政府会计具体准则和政府会计制度的作用，并为政府会计实务问题提供处理原则。具体准则，主要规定政府发生的经济业务或事项的会计处理原则。应用指南，是对具体准则的实际应用做出操作性规定。政府会计制度，主要规范政府会计科目及其使用说明、报表格式及其编制说明等，便于会计人员进行日常核算。条件成熟时，还要制定政府成本会计制度，主要规定政府运行费用归集和分摊方法等，反映政府向社会提供公共服务支出和机关运行成本等信息。上述这套标准，基本构成政府会计的核算标准体系。

两份报告，是指要同时编制政府决算报告和政府财务报告。决算报告，是向决算报告使用者提供与政府预算执行情况有关的信息，综合反映政府会计主体预算收支的年度执行结果。财务报告，是向财务报告使用者提供与政府财务状况、运行情况和现金流量等有关的信息，反映政府会计主体公共受托责任履行情况。

三项制度，是指要建立政府财务报告审计制度、政府财务报告公开制度、政府财务报告分析利用制度。政府财务报告审计制度，主要是对审计的主体、对象、内容、权限、程序、法律责任等做出规定。政府财务报告公开制度，主要是对政府财务报告公开的主体、对象、内容、形式、程序、时间要求、法律责任等做出规定。政府财务报告分析利用制度，主要是建立相应指标体系和分析模型，以政府财务报告反映的信息为基础，系统分析政府的财务状况、运行成本和财政中长期可持续发展水平。

四项措施，是指要推进政府会计改革的四项配套措施。一是要修订完善相关财务制度，主要指行政事业单位财务制度。二是要健全资产管理制度，主要指行政事业单位国有资产管理办法。三是要进一步完善决算报告制度，包括有关决算报表指标、决算报表体系需要相应修订、完善，以与政府财务报告有机衔接。四是要优化政府财政管理信息系统，构建覆盖政府财政管理业务全流程、统一数据标准的一体化信息系统，是政府会计实施到位的重要技术保障，也是不断提高政府财政管理效率和透明度，实现信息资源共享的有效途径。

三、《基本准则》重大制度理论创新

财政部有关负责人就《基本准则》有关问题回答记者提问时提出，《基本准则》重大制度理论创新体现在以下几个方面。

一是构建了政府预算会计和财务会计适度分离并相互衔接的政府会

计核算体系。相对于实行多年的预算会计核算体系,《基本准则》强化了政府财务会计核算,即政府会计由预算会计和财务会计构成,前者一般实行收付实现制,后者实行权责发生制。通过预算会计核算形成决算报告,通过财务会计核算形成财务报告,全面、清晰反映政府预算执行信息和财务信息。

二是确立了"3+5 要素"的会计核算模式。《基本准则》规定预算收入、预算支出和预算结余 3 个预算会计要素和资产、负债、净资产、收入和费用 5 个财务会计要素。其中,首次提出收入、费用两个要素,有别于现行预算会计中的收入和支出要素,主要是为了准确反映政府会计主体的运行成本,科学评价政府资源管理能力和绩效。同时,按照政府会计改革最新理论成果对资产、负债要素进行了重新定义。

三是科学界定了会计要素的定义和确认标准。《基本准则》针对每个会计要素,规范了其定义和确认标准,为在政府会计具体准则和政府会计制度层面规范政府发生的经济业务或事项的会计处理提供了基本原则,保证了政府会计标准体系的内在一致性。特别是,《基本准则》对政府资产和负债进行界定时,充分考虑了当前财政管理的需要,如在界定政府资产时,特别强调了"服务潜力",除了自用的固定资产等以外,将公共基础设施、政府储备资产、文化文物资产、保障性住房和自然资源资产等纳入政府会计核算范围;对政府负债进行界定时,强调了"现时义务",将政府因承担担保责任而产生的预计负债也纳入会计核算范围。

四是明确了资产和负债的计量属性及其应用原则。《基本准则》提出,资产的计量属性主要包括历史成本、重置成本、现值、公允价值和名义金额,负债的计量属性主要包括历史成本、现值和公允价值。同时,《基本准则》强调了历史成本计量原则,即政府会计主体对资产和负债进行计量时,一般应当采用历史成本。采用其他计量属性的,应当保证所确定的金额能够持续、可靠计量。这样规定,既体现了资产负债计量的前瞻性，也充分考虑了政府会计实务的现状。

五是构建了政府财务报告体系。《基本准则》要求政府会计主体除按财政部要求编制决算报表外，至少还应编制资产负债表、收入费用表和现金流量表，并按规定编制合并财务报表。同时强调，政府财务报告包括政府综合财务报告和政府部门财务报告，构建了满足现代财政制度需要的政府财务报告体系。

四、《政府会计制度——行政事业单位会计科目和报表》重大变化与创新

财政部会计司有关负责人就《政府会计制度——行政事业单位会计科目和报表》（以下简称《政府会计制度》）相关问题答记者问时指出，《政府会计制度》遵循《基本准则》，继承了多年来我国行政事业单位会计改革的有益经验，反映了当前政府会计改革发展的内在需要和发展方向，相对于现行制度在以下多个方面做出了重大变化与创新。

（1）重构了政府会计核算模式。在系统总结分析传统单系统预算会计体系的利弊基础上，《政府会计制度》按照《改革方案》和《基本准则》的要求，构建了"财务会计和预算会计适度分离并相互衔接"的会计核算模式。

所谓"适度分离"，是指适度分离政府预算会计和财务会计功能、决算报告和财务报告功能，全面反映政府会计主体的预算执行信息和财务信息。主要体现在以下几个方面。

一是"双功能"，在同一会计核算系统中实现财务会计和预算会计双重功能，通过资产、负债、净资产、收入、费用五个要素进行财务会计核算，通过预算收入、预算支出和预算结余三个要素进行预算会计核算。

二是"双基础"，财务会计采用权责发生制，预算会计采用收付实

现制，国务院另有规定的，依照其规定进行。

三是"双报告"，通过财务会计核算形成财务报告，通过预算会计核算形成决算报告。

所谓"相互衔接"，是指在同一会计核算系统中政府预算会计要素和相关财务会计要素相互协调，决算报告和财务报告相互补充，共同反映政府会计主体的预算执行信息和财务信息。主要体现在以下几个方面。

一是对纳入部门预算管理的现金收支进行"平行记账"。对于纳入部门预算管理的现金收支业务，在进行财务会计核算的同时也应当进行预算会计核算。对于其他业务，仅需要进行财务会计核算。

二是财务报表与预算会计报表之间存在钩稽关系。通过编制"本期预算结余与本期盈余差异调节表"并在附注中进行披露，反映单位财务会计和预算会计因核算基础和核算范围不同所产生的本年盈余数（即本期收入与费用之间的差额）与本年预算结余数（本年预算收入与预算支出的差额）之间的差异，从而揭示财务会计和预算会计的内在联系。这种会计核算模式兼顾了现行部门决算报告制度的需要，又能满足部门编制权责发生制财务报告的要求，对于规范政府会计行为，夯实政府会计主体预算和财务管理基础，强化政府绩效管理具有深远的影响。

（2）统一了现行各项单位会计制度。《政府会计制度》有机整合了《行政单位会计制度》《事业单位会计制度》和医院、基层医疗卫生机构、高等学校、中小学校、科学事业单位、彩票机构、地质勘查单位、测绘事业单位、国有林场和苗圃等行业事业单位会计制度的内容。在科目设置、科目和报表项目说明中，一般情况下，不再区分行政和事业单位，也不再区分行业事业单位；在核算内容方面，基本保留了现行各项制度中的通用业务和事项，同时根据改革需要增加各级各类行政事业单位的共性业务和事项；在会计政策方面，对同类业务尽可能做出同样的处理规定。通过会计制度的统一，大大提高了政府各部门、各单位会计信息的可比性，为合并单位、部门财务报表和逐级汇总编制部门决算奠定了坚实的制度基础。

（3）强化了财务会计功能。《政府会计制度》在财务会计核算中全面引入了权责发生制，在会计科目设置和账务处理说明中着力强化财务会计功能，如增加了收入和费用两个财务会计要素的核算内容，并原则上要求按照权责发生制进行核算；增加了应收款项和应付款项的核算内容，对长期股权投资采用权益法核算，确认自行开发形成的无形资产的成本，要求对固定资产、公共基础设施、保障性住房和无形资产计提折旧或摊销，引入坏账准备等减值概念，确认预计负债、待摊费用和预提费用等。在政府会计核算中强化财务会计功能，对于科学编制权责发生制政府财务报告、准确反映单位财务状况和运行成本等情况具有重要的意义。

（4）扩大了政府资产负债核算范围。《政府会计制度》在现行制度基础上，扩大了资产负债的核算范围。除按照权责发生制核算原则增加有关往来账款的核算内容外，在资产方面，还增加了公共基础设施、政府储备物资、文物文化资产、保障性住房和受托代理资产的核算内容，以全面核算单位控制的各类资产；增加了"研发支出"科目，以准确反映单位自行开发无形资产的成本。在负债方面，增加了预计负债、受托代理负债等核算内容，以全面反映单位所承担的现时义务。此外，为了准确反映单位资产扣除负债之后的净资产状况，《政府会计制度》立足单位会计核算需要，借鉴国际公共部门会计准则相关规定，将净资产按照主要来源分类为累计盈余和专用基金，并根据净资产其他来源设置了权益法调整、无偿调拨净资产等会计科目。资产负债核算范围的扩大，有利于全面规范政府单位各项经济业务和事项的会计处理，准确反映政府"家底"信息，为相关决策提供更加有用的信息。

（5）改进了预算会计功能。根据《改革方案》要求，《政府会计制度》对预算会计科目及其核算内容进行了调整和优化，以进一步完善预算会计功能。在核算内容上，预算会计仅需核算预算收入、预算支出和预算结余。在核算基础上，预算会计除按《预算法》要求的权责发生制事项外，均采用收付实现制核算，有利于避免现在制度下存在的虚列预算收支的问题。在核算范围上，为了体现新《政府会计预算法》的精神和部门综合预算的要求，《政府会计制度》将依法纳入部门预算管理的现金收支均纳入预算会计核算范围，如增设了债务预算收入、债务还本支出、投资支出等。调整完善后的预算会计，能够更好地贯彻落实《预算法》的相关规定，更加准确地反映部门和单位预算收支情况，更加满足部门、单位预算和决算管理的需要。

（6）整合了基建会计核算。按照现行制度规定，单位对于基本建设投资的会计核算，除遵循相关会计制度规定外，还应当按照国家有关基本建设会计核算的规定单独建账、单独核算，但同时应将基建账相关数据按期并入单位"大账"。《政府会计制度》依据《基本建设财务规则》和相关预算管理规定，在充分吸收《国有建设单位会计制度》合理内容的基础上对单位建设项目会计核算进行了规定。单位对基本建设投资按照该制度规定统一进行会计核算，不再单独建账，大大简化了单位基本建设业务的会计核算，有利于提高单位会计信息的完整性。

（7）完善了报表体系和结构。《政府会计制度》将报表分为预算会计报表和财务报表两大类。预算会计报表由预算收入支出表、预算结转结余变动表和财政拨款预算收入支出表构成，是编制部门决算报表的基础。财务报表由会计报表和附注构成，会计报表由资产负债表、收入费用表、净资产变动表和现金流量表构成，其中，单位可自行选择编制现金流量表。此外，《政府会计制度》针对新的核算内容和要求对报表结构进行了调整和优化，对报表附注应当披露的内容进行了细化，对会计报表重要项目说明提供了可参考的披露格式、要求按经济分类披露费用信息、要求披露本年预算结余和本年盈余的差异调节过程等。调整完善后的报表体系，对于全面反映单位财务信息和预算执行信息，提高部门、单位会计信息的透明度和决策有用性具有重要的意义。

（8）增强了制度的可操作性。《政府会计制度》在附录中采用列表方式，以《政府会计制度》中规定的会计科目使用说明为依据，按照会计科目顺序对单位通用业务或共性业务和事项的账务处理进行了举例说明。在举例说明时，对同一项业务或事项，在表格中列出财务会计分录的同时，平行列出相对应的预算会计分录（如果有）。通过对经济业务和事项进行举例说明，能够充分反映《政府会计制度》所要求的财务会计和预算会计"平行记账"的核算要求，便于会计人员学习和理解政府会计八要素的记账规则，也有利于单位会计核算信息系统的开发或升级改造。

五、新旧制度衔接

《政府会计制度》将于 2019 年 1 月 1 日起实施，为确保新旧制度顺利衔接、平稳过渡，促进新制度的有效贯彻实施，2018 年 2 月 1 日，财政部颁布《关于印发〈政府会计制度——行政事业单位会计科目和报表〉与〈行政单位会计制度〉〈事业单位会计制度〉有关衔接问题处理规定的通知》（财会〔2018〕3 号），对单位执行新制度的有关衔接问题从以下五个方面做出了具体规定：一是对各单位新旧制度衔接提出了具体的要求；二是规定了财务会计科目的新旧衔接原则；三是制定了预算会计科目新旧衔接的办法；四是明确了财务报表和预算会计报表的新旧衔接；五是对其他事项做出了具体规定。

2018 年 8 月 20 日，财政部发布了《关于印发科学事业单位执行〈政府会计制度——行政事业单位会计科目和报表〉的补充规定和衔接规定的通知》（财会〔2018〕23 号）。依据行政事业单位衔接问题处理的规定，针对科学事业单位现行会计核算制度，以及具体的业务事项，提出了适用于科学事业单位的新旧制度衔接问题处理的规定，为科学事业单位顺利完成新旧制度的衔接提供了切实可行的方法。

2018 年 8 月 16 日，财政部发布了《关于贯彻实施政府会计准则制度的通知》（财会〔2018〕21 号），对新制度的实施内容、时间和范围等做出了明确的规定。

《政府会计制度》在会计理念、核算基础、会计处理原则和报告披露要求等诸多方面都有较大的变化，新旧制度衔接直接关系到未来提供新政府会计制度财务信息的质量，各科学事业单位应当强化单位负责人的责任意识，加强对相关制度的学习，准确掌握各项具体规定，制订详细的实施方案，明确目标，落实责任，确保认识到位、组织到位、人员到位、工作到位，确保新旧制度衔接工作的顺利完成。

第二章 新旧制度衔接相关规定

第一节 财政部对事业单位新旧制度衔接的规定

为了确保新旧制度顺利衔接、平稳过渡，促进新制度的有效贯彻实施，2018年2月1日财政部发布了《关于印发〈政府会计制度——行政事业单位会计科目和报表〉与〈行政单位会计制度〉〈事业单位会计制度〉有关衔接问题处理规定的通知》（财会〔2018〕3号），对单位执行新制度的有关衔接问题做出了具体规定，具体包括：提出各单位新旧制度衔接的总要求，规定了财务会计科目的新旧衔接，制定了预算会计科目新旧衔接的办法，明确了财务报表和预算会计报表的新旧衔接，以及对其他事项做出了具体规定。

一、新旧制度衔接总要求

（1）自2019年1月1日起，单位应当严格按照新制度的规定进行会计核算、编制财务报表和预算会计报表。

（2）单位应当按照该规定做好新旧制度衔接的相关工作，主要包括以下几个方面。

第一，根据原账编制 2018 年 12 月 31 日的科目余额表，并按照该规定要求，编制原账的部分科目余额明细表（参见附表2-1、附表2-2）。

第二，按照新制度设立 2019 年 1 月 1 日的新账。

第三，按照该规定要求，登记新账的财务会计科目余额和预算结余科目余额，包括将原账科目余额转入新账财务会计科目、按照原账科目余额登记新账预算结余会计科目（事业单位新旧会计制度转账、登记新账科目对照表见附表 2-3），将未入账事项登记新账科目，并对相关新账科目余额进行调整。原账科目是指按照原制度规定设置的会计科目。

第四，按照登记及调整后新账的各会计科目余额，编制 2019 年 1 月 1 日的科目余额表，作为新账各会计科目的期初余额。

第五，根据新账各会计科目期初余额，按照新制度编制 2019 年 1 月 1 日资产负债表。

（3）及时调整会计信息系统。单位应当按照新制度要求对原有会计信息系统进行及时更新和调试，实现数据正确转换，确保新旧账套的有序衔接。

二、财务会计科目的新旧衔接

（一）将 2018 年 12 月 31 日原账会计科目余额转入新账财务会计科目

1. 资产类

（1）"库存现金"、"零余额账户用款额度"、"财政应返还额度"、"短期投资"、"应收票据"、"应收账款"、"预付账款"和"无形资产"科目。

新制度设置了"库存现金"、"零余额账户用款额度"、"财政应返还额度"、"短期投资"、"应收票据"、"应收账款"、"预付账款"和"无形资产"科目，其核算内容与原账的上述相应科目的核算内容基本相同。转账时，单位应当将原账的上述科目余额直接转入新账的相应科目。其中，还应当将原账的"库存现金"科目余额中属于新制度规定受托代理资产的金额，转入新账"库存现金"科目下的"受托代理资产"明细科目。

（2）"银行存款"科目。

新制度设置了"银行存款"和"其他货币资金"科目，原制度设置了"银行存款"科目。转账时，单位应当将原账"银行存款"科目中核算的属于新制度规定的其他货币资金的金额，转入新账"其他货币资金"科目；将原账"银行存款"科目余额减去其中属于其他货币资金余额后的差额，转入新账的"银行存款"科目。其中，还应当将原账的"银行存款"科目余额中属于新制度规定受托代理资产的金额，转入新账"银行存款"科目下的"受托代理资产"明细科目。

（3）"其他应收款"科目。

新制度设置了"其他应收款"科目，该科目的核算内容与原账"其他应收款"科目的核算内容基本相同。转账时，单位应当将原账的"其他应收款"科目余额，转入新账的"其他应收款"科目。

新制度设置了"在途物品"科目，单位在原账"其他应收款"科目中核算了已经付款或开出商业汇票、尚未收到物资的，应当将原账的"其他应收款"科目余额中已经付款或开出商业汇票、尚未收到物资的金额，转入新账的"在途物品"科目。

（4）"存货"科目。

新制度设置了"库存物品""加工物品"科目，原制度设置了"存货"科目。转账时，单位应当将原账的"存货"科目余额中属于在加工存货的金额，转入新账的"加工物品"科目；将原账的"存货"科目余额减去属于在加工存货的金额后的差额，转入新账的"库存物品"科目。

单位在原账的"存货"科目中核算了属于新制度规定的工程物资、政府储备物资、受托代理物资的,应当将原账的"存货"科目余额中属于工程物资、政府储备物资、受托代理物资的金额,分别转入新账的"工程物资"、"政府储备物资"和"受托代理资产"科目。

（5）"长期投资"科目。

新制度设置了"长期股权投资"和"长期债券投资"科目,原制度设置了"长期投资"科目。转账时,单位应当将原账的"长期投资"科目余额中属于股权投资的金额,转入新账的"长期股权投资"科目及其明细科目;将原账的"长期投资"科目余额中属于债券投资的金额,转入新账的"长期债券投资"科目及其明细科目。

（6）"固定资产"科目。

新制度设置了"固定资产"、"公共基础设施"、"政府储备物资"、"文物文化资产"和"保障性住房"科目。单位在原账"固定资产"科目中只核算了按照新制度规定的固定资产内容的,转账时,应当将原账的"固定资产"科目余额全部转入新账的"固定资产"科目。单位在原账的"固定资产"科目中核算了按照新制度规定应当记入"公共基础设施"、"政府储备物资"、"文物文化资产"和"保障性住房"科目内容的,转账时,应当将原账的"固定资产"科目余额中相应资产的账面余额,分别转入新账的"公共基础设施"、"政府储备物资"、"文物文化资产"和"保障性住房"科目,并将原账的"固定资产"科目余额减去上述金额后的差额,转入新账的"固定资产"科目。

（7）"累计折旧"科目。

新制度设置了"固定资产累计折旧"科目,该科目的核算内容与原账"累计折旧"科目的核算内容基本相同。单位已经计提了固定资产折旧并记入"累计折旧"科目的,转账时,应当将原账的"累计折旧"科目余额,转入新账的"固定资产累计折旧"科目。

新制度设置了"公共基础设施累计折旧（摊销）"和"保障性住房

累计折旧"科目，单位在原账的"固定资产"科目中核算了按照新制度规定应当记入"公共基础设施""保障性住房"科目的内容，且已经计提了固定资产折旧的，转账时，应当将原账的"累计折旧"科目余额中属于公共基础设施累计折旧（摊销）、保障性住房累计折旧的金额，分别转入新账的"公共基础设施累计折旧（摊销）""保障性住房累计折旧"科目。

（8）"在建工程"科目。

新制度设置了"在建工程"和"预付账款——预付备料款、预付工程款"科目，原制度设置了"在建工程"科目。转账时，单位应当将原账的"在建工程"科目余额（基建"并账"后的金额，下同）中属于预付备料款、预付工程款的金额，转入新账"预付账款"相关明细科目；将原账的"在建工程"科目余额减去预付备料款、预付工程款金额后的差额，转入新账的"在建工程"科目。

单位在原账"在建工程"科目中核算了按照新制度规定应当记入"工程物资"科目内容的，应当将原账"在建工程"科目余额中属于工程物资的金额，转入新账的"工程物资"科目。

（9）"累计摊销"科目。

新制度设置了"无形资产累计摊销"科目，该科目的核算内容与原账"累计摊销"科目的核算内容基本相同。单位已经计提了无形资产摊销的，转账时，应当将原账的"累计摊销"科目余额，转入新账的"无形资产累计摊销"科目。

（10）"待处置资产损溢"科目。

新制度设置了"待处理财产损溢"科目，该科目的核算内容与原账"待处置资产损溢"科目的核算内容基本相同。转账时，单位应当将原账的"待处置资产损溢"科目余额，转入新账的"待处理财产损溢"科目。

2. 负债类

（1）"短期借款"、"应付职工薪酬"、"应付票据"、"应付账款"、"预收账款"、"长期借款"和"长期应付款"科目。

新制度设置了"短期借款"、"应付职工薪酬"、"应付票据"、"应付账款"、"预收账款"、"长期借款"和"长期应付款"科目，这些科目的核算内容与原账的上述相应科目的核算内容基本相同。转账时，单位应当将原账的上述科目余额直接转入新账的相应科目。

（2）"应缴税费"科目。

新制度设置了"应交增值税"和"其他应交税费"科目，原制度设置了"应缴税费"科目。转账时，单位应当将原账的"应缴税费——应缴增值税"科目余额，转入新账"应交增值税"中的相关明细科目；将原账的"应缴税费"科目余额减去属于应缴增值税余额后的差额，转入新账的"其他应交税费"科目。

（3）"应缴国库款""应缴财政专户款"科目。

新制度设置了"应缴财政款"科目，原制度设置了"应缴国库款""应缴财政专户款"科目。转账时，单位应当将原账的"应缴国库款""应缴财政专户款"科目余额，转入新账的"应缴财政款"科目。

（4）"其他应付款"科目。

新制度设置了"其他应付款"科目，该科目的核算内容与原账"其他应付款"科目的核算内容基本相同。转账时，单位应当将原账的"其他应付款"科目余额，转入新账的"其他应付款"科目。其中，单位在原账的"其他应付款"科目中核算了属于新制度规定的受托代理负债的，应当将原账的"其他应付款"科目余额中属于受托代理负债的余额，转入新账的"受托代理负债"科目。

3. 净资产类

（1）"事业基金"科目。

新制度设置了"累计盈余"科目，该科目的核算内容包含了原账"事业基金"科目的核算内容。转账时，单位应当将原账的"事业基金"科目余额转入新账的"累计盈余"科目。

（2）"非流动资产基金"科目。

依据新制度，无须对原制度中"非流动资产基金"科目对应内容进行核算。转账时，单位应当将原账的"非流动资产基金"科目余额转入新账的"累计盈余"科目。

（3）"专用基金"科目。

新制度设置了"专用基金"科目，该科目的核算内容与原账"专用基金"科目的核算内容基本相同。转账时，单位应当将原账的"专用基金"科目余额转入新账的"专用基金"科目。

（4）"财政补助结转"、"财政补助结余"和"非财政补助结转"科目。

新制度设置了"累计盈余"科目，该科目的余额包含了原账的"财政补助结转"、"财政补助结余"和"非财政补助结转"科目的余额内容。转账时，单位应当将原账的"财政补助结转"、"财政补助结余"和"非财政补助结转"科目余额，转入新账的"累计盈余"科目。

（5）"经营结余"科目。

新制度设置了"本期盈余"科目，该科目的核算内容包含了原账"经营结余"科目的核算内容。新制度规定"本期盈余"科目余额最终转入"累计盈余"科目，如果原账的"经营结余"科目有借方余额，转账时，单位应当将原账的"经营结余"科目借方余额，转入新账的"累计盈余"科目借方。

（6）"事业结余""非财政补助结余分配"科目。

由于原账的"事业结余""非财政补助结余分配"科目年末无余额，这两个科目无须进行转账处理。

4. 收入类、支出类

由于原账中收入类、支出类科目年末无余额，无须进行转账处理。自2019年1月1日起，单位应当按照新制度设置收入类、费用类科目并进行账务处理。

单位存在其他该规定未列举的原账科目余额的，应当比照该规定转入新账的相应科目。新账的科目设有明细科目的，应将原账中对应科目的余额加以分析，分别转入新账中相应科目的相关明细科目。

单位在进行新旧衔接的转账时，应当编制转账的工作分录，作为转账的工作底稿，并将转入新账的对应原账户余额及分拆原账户余额的依据作为原始凭证。

（二）将原未入账事项登记新账财务会计科目

1. 应收账款、应收股利、在途物品

单位在新旧制度转换时，应当将2018年12月31日前未入账的应收账款、应收股利、在途物品按照新制度规定记入新账。登记新账时，按照确定的入账金额，分别借记"应收账款"、"应收股利"和"在途物品"科目，贷记"累计盈余"科目。

2. 公共基础设施、政府储备物资、文物文化资产、保障性住房

单位在新旧制度转换时，应当将2018年12月31日前未入账的公共基础设施、政府储备物资、文物文化资产、保障性住房按照新制度规定记入新账。登记新账时，按照确定的初始入账成本，分别借记"公共基础设施"、"政府储备物资"、"文物文化资产"和"保障性住房"科

目，贷记"累计盈余"科目。

单位对于登记新账时首次确认的公共基础设施、保障性住房，应当于 2019 年 1 月 1 日以后，按照其在登记新账时确定的成本和剩余折旧（摊销）年限计提折旧（摊销）。

3. 受托代理资产

单位在新旧制度转换时，应当将 2018 年 12 月 31 日前未入账的受托代理资产按照新制度规定记入新账。登记新账时，按照确定的受托代理资产入账成本，借记"受托代理资产"科目，贷记"受托代理负债"科目。

4. 盘盈资产

单位在新旧制度转换时，应当将 2018 年 12 月 31 日前未入账的盘盈资产按照新制度规定记入新账。登记新账时，按照确定的盘盈资产及其成本，分别借记有关资产科目，按照盘盈资产成本的合计金额，贷记"累计盈余"科目。

5. 预计负债

单位在新旧制度转换时，应当将 2018 年 12 月 31 日按照新制度规定确认的预计负债记入新账。登记新账时，按照确定的预计负债金额，借记"累计盈余"科目，贷记"预计负债"科目。

6. 应付质量保证金

单位在新旧制度转换时，应当将 2018 年 12 月 31 日前未入账的应付质量保证金按照新制度规定记入新账。登记新账时，按照确定未入账的应付质量保证金金额，借记"累计盈余"科目，贷记"其他应付款"科目［扣留期在 1 年以内（含 1 年）］、"长期应付款"科目（扣留期超过 1 年）。

单位存在 2018 年 12 月 31 日前未入账的其他事项的，应当比照该规定登记新账的相应科目。

单位对新账的财务会计科目补记未入账事项时，应当编制记账凭证，并将补充登记事项的确认依据作为原始凭证。

（三）对新账的相关财务会计科目余额按照新制度规定的会计核算基础进行调整

1. 计提坏账准备

新制度要求对单位收回后无须上缴财政的应收账款和其他应收款提取坏账准备。在新旧制度转换时，单位应当按照 2018 年 12 月 31 日无须上缴财政的应收账款和其他应收款的余额计算应计提的坏账准备金额，借记"累计盈余"科目，贷记"坏账准备"科目。

2. 按照权益法调整长期股权投资账面余额

对按照新制度规定应当采用权益法核算的长期股权投资，在新旧制度转换时，单位应当在"长期股权投资"科目下设置"新旧制度转换调整"明细科目，依据被投资单位 2018 年 12 月 31 日财务报表的所有者权益账面余额，以及单位持有被投资单位的股权比例，计算应享有或应分担的被投资单位所有者权益的份额，调整长期股权投资的账面余额，借记或贷记"长期股权投资——新旧制度转换调整"科目，贷记或借记"累计盈余"科目。

3. 确认长期债券投资期末应收利息

单位应当按照新制度规定于 2019 年 1 月 1 日补记长期债券投资应收利息，按照长期债券投资的应收利息金额，借记"长期债券投资"科目（到期一次还本付息）或"应收利息"科目（分期付息、到期还本），贷记"累计盈余"科目。

4. 补提折旧

单位在原账中尚未计提固定资产折旧的，应当全面核查截至 2018 年 12 月 31 日的固定资产的预计使用年限、已使用年限、尚可使用年限等，并于 2019 年 1 月 1 日对尚未计提折旧的固定资产补提折旧，按照应计提的折旧金额，借记"累计盈余"科目，贷记"固定资产累计折旧"科目。

单位在原账的"固定资产"科目中核算了按照新制度规定应当记入"公共基础设施""保障性住房"科目内容的，应当比照前款规定补提公共基础设施折旧（摊销）、保障性住房折旧，按照应计提的折旧（摊销）金额，借记"累计盈余"科目，贷记"公共基础设施累计折旧（摊销）""保障性住房累计折旧"科目。

5. 补提摊销

单位在原账中尚未计提无形资产摊销的，应当全面核查截至 2018 年 12 月 31 日无形资产的预计使用年限、已使用年限、尚可使用年限等，并于 2019 年 1 月 1 日对前期尚未计提摊销的无形资产补提摊销，按照应计提的摊销金额，借记"累计盈余"科目，贷记"无形资产累计摊销"科目。

6. 确认长期借款期末应付利息

单位应当按照新制度规定于 2019 年 1 月 1 日补记长期借款的应付利息金额，对其中资本化的部分，借记"在建工程"科目，对其中费用化的部分，借记"累计盈余"科目，按照全部长期借款应付利息金额，贷记"长期借款"科目（到期一次还本付息）或"应付利息"科目（分期付息、到期还本）。

单位对新账的财务会计科目期初余额进行调整时，应当编制记账凭证，并将调整事项的确认依据作为原始凭证。

三、预算会计科目的新旧衔接

（一）"财政拨款结转"和"财政拨款结余"科目及对应的"资金结存"科目余额

新制度设置了"财政拨款结转"和"财政拨款结余"科目及对应的"资金结存"科目。在新旧制度转换时，单位应当对原账的"财政补助结转"科目余额进行逐项分析，加上各项结转转入的预算支出中已经计入预算支出尚未支付财政资金（如发生时列支的应付账款）的金额，减去已经支付财政资金尚未计入预算支出（如购入的存货、预付账款等）的金额，按照增减后的金额，登记新账的"财政拨款结转"科目及其明细科目贷方；按照原账"财政补助结余"科目余额，登记新账的"财政拨款结余"科目及其明细科目贷方。

按照原账"财政应返还额度"科目余额登记新账的"资金结存——财政应返还额度"科目借方；按照新账的"财政拨款结转"和"财政拨款结余"科目贷方余额合计数，减去新账的"资金结存——财政应返还额度"科目借方余额后的差额，登记新账的"资金结存——货币资金"科目借方。

（二）"非财政拨款结转"科目及对应的"资金结存"科目余额

新制度设置了"非财政拨款结转"科目及对应的"资金结存"科目。在新旧制度转换时，单位应当对原账的"非财政补助结转"科目余额进行逐项分析，加上各项结转转入的预算支出中已经计入预算支出尚未支付非财政补助专项资金（如发生时列支的应付账款）的金额，减去已经支付非财政补助专项资金尚未计入预算支出（如购入的存货、预付账款等）的金额，加上各项结转转入的预算收入中已经收到非财政补助专项资金尚未计入预算收入（如预收账款）的金额，减去已经计入预算收入尚未收到非财政补助专项资金（如应收账款）的金额，按照增减后的金额，登记新账的"非财政拨款结转"科目及其明细科目贷方；同时，按照相同的金额登记新账的"资金结存——货币资金"科目借方。

（三）"非财政拨款结余"科目及对应的"资金结存"科目余额

1. 登记"非财政拨款结余"科目余额

新制度设置了"非财政拨款结余"科目及对应的"资金结存"科目。在新旧制度转换时，单位应当按照原账的"事业基金"科目余额，借记新账的"资金结存——货币资金"科目，贷记新账的"非财政拨款结余"科目。

2. 对新账"非财政拨款结余"科目及"资金结存"科目余额进行调整

（1）调整短期投资对非财政拨款结余的影响。

单位应当按照原账的"短期投资"科目余额，借记"非财政拨款结余"科目，贷记"资金结存——货币资金"科目。

（2）调整应收票据、应收账款对非财政拨款结余的影响。

单位应当对原账的"应收票据""应收账款"科目余额进行分析，区分其中发生时计入预算收入的金额和没有计入预算收入的金额。对发生时计入预算收入的金额，再区分计入专项资金收入的金额和计入非专项资金收入的金额，按照计入非专项资金收入的金额，借记"非财政拨款结余"科目，贷记"资金结存——货币资金"科目。

（3）调整预付账款对非财政拨款结余的影响。

单位应当对原账的"预付账款"科目余额进行分析，区分其中由财政补助资金预付的金额、非财政补助专项资金预付的金额和非财政补助非专项资金预付的金额，按照非财政补助非专项资金预付的金额，借记

"非财政拨款结余"科目,贷记"资金结存——货币资金"科目。

(4)调整其他应收款对非财政拨款结余的影响。

单位按照新制度规定将原账其他应收款中的预付款项计入预算支出的,应当对原账的"其他应收款"科目余额进行分析,区分其中预付款项的金额(将来很可能列支)和非预付款项的金额,并对预付款项的金额划分为财政补助资金预付的金额、非财政补助专项资金预付的金额和非财政补助非专项资金预付的金额,按照非财政补助非专项资金预付的金额,借记"非财政拨款结余"科目,贷记"资金结存——货币资金"科目。

(5)调整存货对非财政拨款结余的影响。

单位应当对原账的"存货"科目余额进行分析,区分购入的存货金额和非购入的存货金额。对购入的存货金额划分出其中使用财政补助资金购入的金额、使用非财政补助专项资金购入的金额和使用非财政补助非专项资金购入的金额,按照使用非财政补助非专项资金购入的金额,借记"非财政拨款结余"科目,贷记"资金结存——货币资金"科目。

(6)调整长期股权投资对非财政拨款结余的影响。

单位应当对原账的"长期投资"科目余额中属于股权投资的余额进行分析,区分其中用现金资产取得的金额和用非现金资产及其他方式取得的金额,按照用现金资产取得的金额,借记"非财政拨款结余"科目,贷记"资金结存——货币资金"科目。

(7)调整长期债券投资对非财政拨款结余的影响。

单位应当按照原账的"长期投资"科目余额中属于债券投资的余额,借记"非财政拨款结余"科目,贷记"资金结存——货币资金"科目。

(8)调整短期借款、长期借款对非财政拨款结余的影响。

单位应当按照原账的"短期借款""长期借款"科目余额,借记"资金结存——货币资金"科目,贷记"非财政拨款结余"科目。

（9）调整应付票据、应付账款对非财政拨款结余的影响。

单位应当对原账的"应付票据""应付账款"科目余额进行分析，区分其中发生时计入预算支出的金额和未计入预算支出的金额。将计入预算支出的金额划分出财政补助应付的金额、非财政补助专项资金应付的金额和非财政补助非专项资金应付的金额，按照非财政补助非专项资金应付的金额，借记"资金结存——货币资金"科目，贷记"非财政拨款结余"科目。

（10）调整预收账款对非财政拨款结余的影响。

单位应当按照原账的"预收账款"科目余额中预收非财政非专项资金的金额，借记"资金结存——货币资金"科目，贷记"非财政拨款结余"科目。

（四）"专用结余"科目及对应的"资金结存"科目余额

新制度设置了"专用结余"科目及对应的"资金结存"科目。在新旧制度转换时，单位应当按照原账"专用基金"科目余额中通过非财政补助结余分配形成的金额，借记新账的"资金结存——货币资金"科目，贷记新账的"专用结余"科目。

（五）"经营结余"科目及对应的"资金结存"科目余额

新制度设置了"经营结余"科目及对应的"资金结存"科目。如果原账的"经营结余"科目期末有借方余额，在新旧制度转换时，单位应当按照原账的"经营结余"科目余额，借记新账的"经营结余"科目，贷记新账的"资金结存——货币资金"科目。

（六）"其他结余""非财政拨款结余分配"科目

新制度设置了"其他结余"和"非财政拨款结余分配"科目。由于这两个科目年初无余额，在新旧制度转换时，单位无须对"其他结余"

和"非财政拨款结余分配"科目进行新账年初余额登记。

（七）预算收入类、预算支出类会计科目

由于预算收入类、预算支出类会计科目年初无余额，在新旧制度转换时，单位无须对预算收入类、预算支出类会计科目进行新账年初余额登记。

单位应当自2019年1月1日起，按照新制度设置预算收入类、预算支出类科目并进行账务处理。

单位存在2018年12月31日需要按照新制度预算会计核算基础调整预算会计科目期初余额的其他事项的，应当比照该规定调整新账的相应预算会计科目期初余额。

单位对预算会计科目的期初余额登记和调整，应当编制记账凭证，并将期初余额登记和调整的依据作为原始凭证。

四、财务报表和预算会计报表的新旧衔接

（一）编制2019年1月1日资产负债表

单位应当根据2019年1月1日新账的财务会计科目余额，按照新制度编制2019年1月1日资产负债表（仅要求填列各项目"年初余额"）。

（二）2019年度财务报表和预算会计报表的编制

单位应当按照新制度规定编制2019年财务报表和预算会计报表。在编制2019年度收入费用表、净资产变动表、现金流量表和预算收入支出表、预算结转结余变动表时，不要求填列上年比较数。

单位应当根据2019年1月1日新账财务会计科目余额，填列2019年净资产变动表各项目的"上年年末余额"；根据2019年1月1日新账

预算会计科目余额，填列 2019 年预算结转结余变动表的"年初预算结转结余"项目和财政拨款预算收入支出表的"年初财政拨款结转结余"项目。

五、其他事项

（1）截至 2018 年 12 月 31 日尚未进行基建"并账"的单位，应当首先参照《新旧事业单位会计制度有关衔接问题的处理规定》（财会〔2013〕2 号），将基建账套相关数据并入 2018 年 12 月 31 日原账中的相关科目余额，再按照该规定将 2018 年 12 月 31 日原账相关会计科目余额转入新账相应科目。

（2）2019 年 1 月 1 日前执行新制度的单位，应当参照该规定做好新旧制度衔接工作。

附表 2-1：

事业单位原会计科目余额明细表一

总账科目	明细分类	金额	备注
库存现金	库存现金		
	其中：受托代理现金		
银行存款	银行存款		
	其中：受托代理银行存款		
	其他货币资金		
其他应收款	在途物资		已经付款或已开出商业汇票，尚未收到物资
	其他		
存货	在加工存货		
	非在加工存货		
	工程物资		

续表

总账科目	明细分类	金额	备注
存货	政府储备物资		
	受托代理资产		
长期投资	长期股权投资		
	长期债券投资		
固定资产	固定资产		
	公共基础设施		
	政府储备物资		
	文物文化资产		
	保障性住房		
累计折旧	固定资产累计折旧		
	公共基础设施累计折旧		
	保障性住房累计折旧		
在建工程	在建工程		
	工程物资		
	预付工程款、预付备料款		
应缴税费	应交增值税		
	其他应交税费		
其他应付款	受托代理负债		因接受代管资金形成的应付款
	其他		

附表 2-2:

事业单位原会计科目余额明细表二

总账科目	明细分类	金额	备注
应收票据、应收账款	发生时不计入预算收入		如转让资产的应收票据、应收账款
	发生时计入预算收入		
	其中:专项收入		
	其他		

续表

总账科目	明细分类	金额	备注
预付账款	财政补助资金预付		
	非财政补助专项资金预付		
	非财政补助非专项资金预付		
其他应收款	预付款项		如职工预借的差旅费等
	其中：财政补助资金预付		
	非财政补助专项资金预付		
	非财政补助非专项资金预付		
	需要收回及其他		如支付的押金、应收为职工垫付的款项等
存货	购入存货		
	其中：使用财政补助资金购入		
	使用非财政补助专项资金购入		
	使用非财政补助非专项资金购入		
	非购入存货		如无偿调入、接受捐赠的存货等
长期投资	长期股权投资		
	其中：用现金资产取得		
	用非现金资产或其他方式取得		
	长期债券投资		
应付票据、应付账款	发生时不计入预算支出		
	发生时计入预算支出		
	其中：财政补助资金应付		
	非财政补助专项资金应付		
	非财政补助非专项资金应付		
预收账款	预收专项资金		
	预收非专项资金		

附表 2-3：

事业单位新旧会计制度转账、登记新账科目对照表

序号	新制度科目		原制度科目	
	编号	名称	编号	名称
一、资产类				
1	1001	库存现金	1001	库存现金
2	1002	银行存款	1002	银行存款
3	1021	其他货币资金		
4	1011	零余额账户用款额度	1011	零余额账户用款额度
5	1201	财政应返还额度	1201	财政应返还额度
6	1101	短期投资	1101	短期投资
7	1211	应收票据	1211	应收票据
8	1212	应收账款	1212	应收账款
9	1214	预付账款	1213	预付账款
			1511	在建工程
10	1218	其他应收款	1215	其他应收款
11	1301	在途物品		
12	1302	库存物品		
13	1303	加工物品		
14	1611	工程物资	1301	存货
15	1811	政府储备物资		
16	1891	受托代理资产		
17	1501	长期股权投资	1401	长期投资
18	1502	长期债券投资		
19	1601	固定资产		
20	1801	公共基础设施		
21	1811	政府储备物资	1501	固定资产
22	1821	文物文化资产		
23	1831	保障性住房		
24	1602	固定资产累计折旧		
25	1802	公共基础设施累计折旧（摊销）	1502	累计折旧
26	1832	保障性住房累计折旧		

续表

序号	新制度科目		原制度科目	
	编号	名称	编号	名称
一、资产类				
27	1611	工程物资	1511	在建工程
	1613	在建工程		
28	1701	无形资产	1601	无形资产
29	1702	无形资产累计摊销	1602	累计摊销
30	1902	待处理财产损溢	1701	待处置资产损溢
二、负债类				
31	2001	短期借款	2001	短期借款
32	2101	应交增值税	2101	应缴税费
33	2102	其他应交税费		
34	2103	应缴财政款	2102	应缴国库款
			2103	应缴财政专户款
35	2201	应付职工薪酬	2201	应付职工薪酬
36	2301	应付票据	2301	应付票据
37	2302	应付账款	2302	应付账款
38	2305	预收账款	2303	预收账款
39	2307	其他应付款	2305	其他应付款
40	2901	受托代理负债		
41	2501	长期借款	2401	长期借款
42	2502	长期应付款	2402	长期应付款
三、净资产类				
43	3001	累计盈余	3001	事业基金
			3101	非流动资产基金
			3301	财政补助结转
			3302	财政补助结余
			3401	非财政补助结转
			3403	经营结余
44	3101	专用基金	3201	专用基金
四、预算结余类				
45	8101	财政拨款结转	3301	财政补助结转
46	8102	财政拨款结余	3302	财政补助结余
47	8201	非财政拨款结转	3401	非财政补助结转

续表

序号	新制度科目		原制度科目	
	编号	名称	编号	名称
四、预算结余类				
48	8202	非财政拨款结余	3001	事业基金
49	8301	专用结余	3201	专用基金
50	8401	经营结余	3403	经营结余
51	8001	资金结存（借方）	3301	财政补助结转
			3302	财政补助结余
			3401	非财政补助结转
			3001	事业基金
			3201	专用基金
			3403	经营结余

第二节　财政部对科学事业单位新旧制度衔接的规定

　　为了确保新旧会计制度在科学事业单位的顺利过渡，2018年8月20日，财政部发布了《关于印发科学事业单位执行〈政府会计制度——行政事业单位会计科目和报表〉的补充规定和衔接规定的通知》（财会〔2018〕23 号），对科学事业单位执行新制度及《关于科学事业单位执行〈政府会计制度——行政事业单位会计科目和报表〉的补充规定》（以下简称补充规定）的有关衔接问题做出了规定，具体如下。

一、新旧制度衔接总要求

　　（1）自2019年1月1日起，科学事业单位应当严格按照新制度及补充规定进行会计核算、编制财务报表和预算会计报表。

　　（2）科学事业单位应当按照该规定做好新旧制度衔接的相关工

作，主要包括以下几个方面。

第一，根据原账编制 2018 年 12 月 31 日的科目余额表，并按照该规定要求，编制原账的部分科目余额明细表（参见附表 2-4、附表 2-5）。

第二，按照新制度及补充规定设立 2019 年 1 月 1 日的新账。

第三，按照该规定要求，登记新账的财务会计科目余额和预算结余科目余额，包括将原账科目余额转入新账财务会计科目、按照原账科目余额登记新账预算结余科目（科学事业单位新旧会计制度转账、登记新账科目对照表见附表 2-6），将未入账事项登记新账科目，并对相关新账科目余额进行调整。原账科目是指按照原制度规定设置的会计科目。

第四，按照登记及调整后新账的各会计科目余额，编制 2019 年 1 月 1 日的科目余额表，作为新账各会计科目的期初余额。

第五，根据新账各会计科目期初余额，按照新制度编制 2019 年 1 月 1 日资产负债表。

（3）及时调整会计信息系统。科学事业单位应当按照新制度及补充规定要求对原有会计信息系统进行及时更新和调试，实现数据正确转换，确保新旧账套的有序衔接。

二、财务会计科目的新旧衔接

（一）将 2018 年 12 月 31 日原账会计科目余额转入新账财务会计科目

1. 资产类

（1）"库存现金"科目。

新制度设置了"库存现金"科目。转账时，科学事业单位应当将原账的"库存现金"科目余额直接转入新账的"库存现金"科目。其中，还应当将原账的"库存现金"科目余额中属于新制度规定受托代理资产的金额，转入新账"库存现金"科目下的"受托代理资产"明细科目。

（2）"银行存款"科目。

新制度设置了"银行存款"和"其他货币资金"科目，原制度设置了"银行存款"科目。转账时，科学事业单位应当将原账"银行存款"科目中核算的属于新制度规定的其他货币资金的金额，转入新账"其他货币资金"科目；将原账"银行存款"科目余额减去其中属于其他货币资金余额后的差额，转入新账的"银行存款"科目。其中，还应当将原账的"银行存款"科目余额中属于新制度规定受托代理资产的金额，转入新账"银行存款"科目下的"受托代理资产"明细科目。

（3）"财政应返还额度"、"短期投资"、"应收票据"、"应收账款"、"预付账款"、"无形资产"和"固定资产"科目。

新制度设置了"财政应返还额度"、"短期投资"、"应收票据"、"应收账款"、"预付账款"、"无形资产"和"固定资产"科目，其核算内容与原账的上述相应科目的核算内容基本相同。转账时，科学事业单位应当将原账的上述科目余额直接转入新账的相应科目。

新制度设置了"受托代理资产"科目，科学事业单位在原账上述科目中核算了属于新制度规定受托代理资产的，应当将原账上述科目余额中属于新制度规定受托代理资产的金额转入新账"受托代理资产"科目。

（4）"其他应收款"科目。

新制度设置了"其他应收款"科目，该科目的核算内容与原账"其他应收款"科目的核算内容基本相同。转账时，科学事业单位应当将原账的"其他应收款"科目余额，转入新账的"其他应收款"科目。

新制度设置了"在途物品"科目，科学事业单位在原账"其他应收款"科目中核算了已经付款或开出商业汇票、尚未收到物资的，应当将原账的"其他应收款"科目余额中已经付款或开出商业汇票、尚未收到物资的金额，转入新账的"在途物品"科目。

（5）"库存材料"科目。

新制度设置了"库存物品"和"加工物品"科目，原制度设置了"库存材料"科目。转账时，科学事业单位应当将原账的"库存材料"科目余额中属于在加工材料的金额，转入新账的"加工物品"科目；将原账的"库存材料"科目余额减去属于在加工材料的金额后的差额，转入新账的"库存物品"科目。

（6）"科技产品"科目。

新制度设置了"库存物品"和"加工物品"科目，原制度设置了"科技产品"科目。转账时，科学事业单位应当将原账的"科技产品"科目中"生产成本"明细科目余额转入新账的"加工物品"科目；将原账的"科技产品"科目中"产成品"明细科目余额转入新账的"库存物品"科目。

（7）"长期投资"科目。

新制度设置了"长期股权投资"和"长期债券投资"科目，原制度设置了"长期投资"科目。转账时，科学事业单位应当将原账的"长期投资"科目余额中属于股权投资的金额，转入新账的"长期股权投资"科目及其明细科目；将原账的"长期投资"科目余额中属于债券投资的金额，转入新账的"长期债券投资"科目及其明细科目。

（8）"累计折旧"科目。

新制度设置了"固定资产累计折旧"科目，该科目的核算内容与原账的"累计折旧"科目的核算内容基本相同。已经计提了固定资产折旧的科学事业单位，转账时，应当将原账的"累计折旧"科目余额转入新账的"固定资产累计折旧"科目。

（9）"在建工程"科目。

新制度设置了"在建工程"和"预付账款——预付备料款、预付工程款"科目，原制度设置了"在建工程"科目。转账时，科学事业单位应当将原账的"在建工程"科目余额（基建"并账"后的金额，下同）

中属于预付备料款、预付工程款的金额，转入新账"预付账款"科目相关明细科目；将原账的"在建工程"科目余额减去预付备料款、预付工程款金额后的差额，转入新账的"在建工程"科目。

科学事业单位在原账"在建工程"科目中核算了按照新制度规定应当记入"工程物资"科目内容的，应当将原账"在建工程"科目余额中属于工程物资的金额，转入新账的"工程物资"科目。

（10）"累计摊销"科目。

新制度设置了"无形资产累计摊销"科目，该科目的核算内容与原账"累计摊销"科目的核算内容基本相同。已经计提了无形资产摊销的科学事业单位，转账时，应当将原账的"累计摊销"科目余额转入新账的"无形资产累计摊销"科目。

（11）"待处置资产损溢"科目。

新制度设置了"待处理财产损溢"科目，该科目的核算内容与原账"待处置资产损溢"科目的核算内容基本相同。转账时，科学事业单位应当将原账的"待处置资产损溢"科目余额，转入新账的"待处理财产损溢"科目。

（12）"零余额账户用款额度"科目。

由于原账的"零余额账户用款额度"科目年末无余额，该科目无须进行转账处理。

2. 负债类

（1）"短期借款"、"应付职工薪酬"、"应付票据"、"应付账款"、"预收账款"、"长期借款"和"长期应付款"科目。

新制度设置了"短期借款"、"应付职工薪酬"、"应付票据"、"应付账款"、"预收账款"、"长期借款"和"长期应付款"科目，这些科目的核算内容与原账的上述相应科目的核算内容基本相同。转账时，科学事业单位应当将原账的上述科目余额直接转入新账的相应科目。

（2）"应缴税费"科目。

新制度设置了"应交增值税"和"其他应交税费"科目，原制度设置了"应缴税费"科目。转账时，科学事业单位应当将原账的"应缴税费——应缴增值税"科目余额转入新账"应交增值税"科目中的相关明细科目；将原账的"应缴税费"科目余额减去属于应缴增值税余额后的差额，转入新账的"其他应交税费"科目。

（3）"应缴国库款""应缴财政专户款"科目。

新制度设置了"应缴财政款"科目，原制度设置了"应缴国库款""应缴财政专户款"科目。转账时，科学事业单位应当将原账的"应缴国库款""应缴财政专户款"科目余额转入新账的"应缴财政款"科目。

（4）"其他应付款"科目。

新制度设置了"其他应付款"科目，该科目的核算内容与原账"其他应付款"科目的核算内容基本相同。转账时，科学事业单位应当将原账的"其他应付款"科目余额转入新账的"其他应付款"科目。其中，科学事业单位在原账的"其他应付款"科目中核算了属于新制度规定的受托代理负债的，应当将原账的"其他应付款"科目余额中属于受托代理负债的余额，转入新账的"受托代理负债"科目。

3. 净资产类

（1）"事业基金"科目。

新制度设置了"累计盈余"科目，该科目的核算内容包含了原账"事业基金"科目的核算内容。转账时，科学事业单位应当将原账的"事业基金"科目余额转入新账的"累计盈余"科目。

（2）"非流动资产基金"科目。

依据新制度，无须对原制度中"非流动资产基金"科目对应内容进行核算。转账时，科学事业单位应当将原账的"非流动资产基金"科目余额转入新账的"累计盈余"科目。

（3）"专用基金"科目。

新制度设置了"专用基金"科目，该科目的核算内容与原账"专用基金"科目的核算内容基本相同。转账时，科学事业单位应当将原账的"专用基金"科目余额转入新账的"专用基金"科目。

（4）"财政补助结转""财政补助结余""非财政补助结转"科目。

新制度设置了"累计盈余"科目，该科目的余额包含了原账的"财政补助结转"、"财政补助结余"和"非财政补助结转"科目的余额内容。转账时，科学事业单位应当将原账的"财政补助结转"、"财政补助结余"和"非财政补助结转"科目余额，转入新账的"累计盈余"科目。

（5）"经营结余"科目。

新制度设置了"本期盈余"科目，该科目的核算内容包含了原账"经营结余"科目的核算内容。新制度规定"本期盈余"科目余额最终转入"累计盈余"科目，如果原账的"经营结余"科目有借方余额，转账时，科学事业单位应当将原账的"经营结余"科目借方余额，转入新账的"累计盈余"科目借方。

（6）"事业结余""非财政补助结余分配"科目。

由于原账的"事业结余""非财政补助结余分配"科目年末无余额，这两个科目无须进行转账处理。

4. 收入类、支出类

由于原账中收入类、支出类科目年末无余额，无须进行转账处理。自2019年1月1日起，科学事业单位应当按照新制度设置收入类、费用类科目并进行账务处理。

科学事业单位存在其他该规定未列举的原账科目余额的，应当比照该规定转入新账的相应科目。新账的科目设有明细科目的，应将原账中对应科目的余额加以分析，分别转入新账中相应科目的相关明细科目。

科学事业单位在进行新旧衔接的转账时，应当编制转账的工作分录，作为转账的工作底稿，并将转入新账的对应原科目余额及分拆原科目余额的依据作为原始凭证。

（二）将原未入账事项登记新账财务会计科目

1. 应收股利

科学事业单位在新旧制度转换时，应当将 2018 年 12 月 31 日前未入账的应收股利按照新制度规定记入新账。登记新账时，按照确定的应收股利金额，借记"应收股利"科目，贷记"累计盈余"科目。

2. 研发支出

科学事业单位在新旧制度转换时，应当将 2018 年 12 月 31 日前未入账的自行研究开发项目开发阶段的费用按照新制度规定记入新账。登记新账时，按照确定的开发阶段费用金额，借记"研发支出"科目，贷记"累计盈余"科目。

3. 受托代理资产

科学事业单位在新旧制度转换时，应当将 2018 年 12 月 31 日前未入账的受托代理资产按照新制度规定记入新账。登记新账时，按照确定的受托代理资产入账成本，借记"受托代理资产"科目，贷记"受托代理负债"科目。

4. 盘盈资产

科学事业单位在新旧制度转换时，应当将 2018 年 12 月 31 日前未入账的盘盈资产按照新制度规定记入新账。登记新账时，按照确定的盘盈资产及其成本，分别借记有关资产科目，按照盘盈资产成本的合计金额，贷记"累计盈余"科目。

5. 预计负债

科学事业单位在新旧制度转换时，应当将2018年12月31日按照新制度规定确认的预计负债记入新账。登记新账时，按照确定的预计负债金额，借记"累计盈余"科目，贷记"预计负债"科目。

6. 应付质量保证金

科学事业单位在新旧制度转换时，应当将2018年12月31日前未入账的应付质量保证金按照新制度规定记入新账。登记新账时，按照确定未入账的应付质量保证金金额，借记"累计盈余"科目，贷记"其他应付款"科目［扣留期在 1 年以内（含 1 年）］、"长期应付款"科目［扣留期超过 1 年］。

科学事业单位存在2018年12月31日前未入账的其他事项的，应当比照该规定登记新账的相应科目。

科学事业单位对新账的财务会计科目补记未入账事项时，应当编制记账凭证，并将补充登记事项的确认依据作为原始凭证。

（三）对新账的相关财务会计科目余额按照新制度规定的会计核算基础进行调整

1. 计提坏账准备

新制度要求对单位收回后无须上缴财政的应收账款和其他应收款提取坏账准备。在新旧制度转换时，科学事业单位应当按照2018年12月31 日无须上缴财政的应收账款和其他应收款的余额计算应计提的坏账准备金额，借记"累计盈余"科目，贷记"坏账准备"科目。

2. 按照权益法调整长期股权投资账面余额

对按照新制度规定应当采用权益法核算的长期股权投资，在新旧制度转换时，科学事业单位应当在"长期股权投资"科目下设置"新旧制度转换调整"明细科目，依据被投资单位2018年12月31日财务报表的所有者权益账面余额，以及科学事业单位持有被投资单位的股权比例，计算应享有或应分担的被投资单位所有者权益的份额，调整长期股权投资的账面余额，借记或贷记"长期股权投资——新旧制度转换调整"科目，贷记或借记"累计盈余"科目。

3. 确认长期债券投资期末应收利息

科学事业单位应当按照新制度规定于2019年1月1日补记长期债券投资应收利息，按照长期债券投资的应收利息金额，借记"长期债券投资"科目（到期一次还本付息）或"应收利息"科目（分期付息、到期还本），贷记"累计盈余"科目。

4. 补提折旧

科学事业单位在原账中尚未计提固定资产折旧的，应当全面核查截至2018年12月31日的固定资产的预计使用年限、已使用年限、尚可使用年限等，并于2019年1月1日对尚未计提折旧的固定资产补提折旧，按照应计提的折旧金额，借记"累计盈余"科目，贷记"固定资产累计折旧"科目。

5. 补提摊销

科学事业单位在原账中尚未计提无形资产摊销的，应当全面核查截至2018年12月31日无形资产的预计使用年限、已使用年限、尚可使用年限等，并于2019年1月1日对前期尚未计提摊销的无形资产补提摊销，按照应计提的摊销金额，借记"累计盈余"科目，贷记"无形资产累计摊销"科目。

6. 确认长期借款期末应付利息

科学事业单位应当按照新制度规定于 2019 年 1 月 1 日补记长期借款的应付利息金额，对其中资本化的部分，借记"在建工程"科目，对其中费用化的部分，借记"累计盈余"科目，按照全部长期借款应付利息金额，贷记"长期借款"科目（到期一次还本付息）或"应付利息"科目（分期付息、到期还本）。

科学事业单位对新账的财务会计科目期初余额进行调整时，应当编制记账凭证，并将调整事项的确认依据作为原始凭证。

三、预算会计科目的新旧衔接

（一）"财政拨款结转"和"财政拨款结余"科目及对应的"资金结存"科目余额

新制度设置了"财政拨款结转""财政拨款结余"科目及对应的"资金结存"科目。在新旧制度转换时，科学事业单位应当对原账的"财政补助结转"科目余额进行逐项分析，加上各项结转转入的支出中已经计入支出尚未支付财政资金（如发生时列支的应付账款）的金额，减去已经支付财政资金尚未计入支出（如购入的库存材料、科技产品成本中支付的款项、预付账款等）的金额，按照增减后的金额，登记新账的"财政拨款结转"科目及其明细科目贷方；按照原账"财政补助结余"科目余额，登记新账的"财政拨款结余"科目及其明细科目贷方。

按照原账"财政应返还额度"科目余额登记新账的"资金结存——财政应返还额度"科目借方；按照新账的"财政拨款结转"和"财政拨款结余"科目贷方余额合计数，减去新账的"资金结存——财政应返还额度"科目借方余额后的差额，登记新账"资金结存——货币资金"科目借方。

（二）"非财政拨款结转"科目及对应的"资金结存"科目余额

新制度设置了"非财政拨款结转"科目及对应的"资金结存"科目。在新旧制度转换时，科学事业单位应当对原账的"非财政补助结转"科目余额进行逐项分析，加上各项结转转入的支出中已经计入支出尚未支付非财政补助专项资金（如发生时列支的应付账款）的金额，减去已经支付非财政补助专项资金尚未计入支出（如购入的库存材料、科技产品成本中支付的款项、预付账款等）的金额，加上各项结转转入的收入中已经收到非财政补助专项资金尚未计入收入（如预收账款）的金额，减去已经计入收入尚未收到非财政补助专项资金（如应收账款）的金额，按照增减后的金额，登记新账的"非财政拨款结转"科目及其明细科目贷方；同时，按照相同的金额登记新账的"资金结存——货币资金"科目借方。

（三）"专用结余"科目及对应的"资金结存"科目余额

新制度设置了"专用结余"科目及对应的"资金结存"科目。在新旧制度转换时，科学事业单位应当按照原账"专用基金"科目余额中通过非财政补助结余分配形成的金额，借记新账的"资金结存——货币资金"科目，贷记新账的"专用结余"科目。

（四）"经营结余"科目及对应的"资金结存"科目余额

新制度设置了"经营结余"科目及对应的"资金结存"科目。如果原账的"经营结余"科目期末有借方余额，在新旧制度转换时，科学事业单位应当按照原账的"经营结余"科目余额，借记新账的"经营结余"科目，贷记新账的"资金结存——货币资金"科目。

（五）"非财政拨款结余"科目及对应的"资金结存"科目余额

（1）登记"非财政拨款结余"科目余额。

新制度设置了"非财政拨款结余"科目及对应的"资金结存"科目。在新旧制度转换时，科学事业单位应当按照原账的"事业基金"科目余额，借记新账的"资金结存——货币资金"科目，贷记新账的"非财政拨款结余"科目。

（2）对新账"非财政拨款结余"科目及"资金结存"科目余额进行调整。

第一，调整短期投资对非财政拨款结余的影响。

科学事业单位应当按照原账的"短期投资"科目余额，借记"非财政拨款结余"科目，贷记"资金结存——货币资金"科目。

第二，调整应收票据、应收账款对非财政拨款结余的影响。

科学事业单位应当对原账的"应收票据""应收账款"科目余额进行分析，区分其中发生时计入收入的金额和没有计入收入的金额。对发生时计入收入的金额，再区分计入专项资金收入的金额和计入非专项资金收入的金额，按照计入非专项资金收入的金额，借记"非财政拨款结余"科目，贷记"资金结存——货币资金"科目。

第三，调整预付账款对非财政拨款结余的影响。

科学事业单位应当对原账的"预付账款"科目余额进行分析，区分其中由财政补助资金预付的金额、非财政补助专项资金预付的金额和非财政补助非专项资金预付的金额，按照非财政补助非专项资金预付的金额，借记"非财政拨款结余"科目，贷记"资金结存——货币资金"科目。

第四，调整其他应收款对非财政拨款结余的影响。

科学事业单位应当对原账的"其他应收款"科目余额进行分析，区分其中预付款项的金额（将来很可能列支）和非预付款项的金额，并将预付款项的金额划分为财政补助资金预付的金额、非财政补助专项资金预付的金额和非财政补助非专项资金预付的金额，按照非财政补助非专项资金预付的金额，借记"非财政拨款结余"科目，贷记"资金结存——货币资金"科目。

第五，调整库存材料对非财政拨款结余的影响。

科学事业单位应当对原账的"库存材料"科目余额进行分析，区分购入的库存材料金额和非购入的库存材料金额。对购入的库存材料金额划分出其中使用财政补助资金购入的金额、使用非财政补助专项资金购入的金额和使用非财政补助非专项资金购入的金额，按照使用非财政补助非专项资金购入的金额，借记"非财政拨款结余"科目，贷记"资金结存——货币资金"科目。

第六，调整科技产品对非财政拨款结余的影响。

科学事业单位应当对原账的"科技产品"科目余额进行分析，区分其中已经支付资金的金额。对科技产品成本中已经支付资金的金额划分出其中使用非财政补助专项资金支付的金额和使用非财政补助非专项资金支付的金额，按照使用非财政补助非专项资金支付的金额，借记"非财政拨款结余"科目，贷记"资金结存——货币资金"科目。

第七，调整长期股权投资对非财政拨款结余的影响。

科学事业单位应当对原账的"长期投资"科目余额中属于股权投资的余额进行分析，区分其中用现金资产取得的金额和用非现金资产及其他方式取得的金额，按照用现金资产取得的金额，借记"非财政拨款结余"科目，贷记"资金结存——货币资金"科目。

按照原制度核算长期投资，而且对应科目为"非流动资产基金——长期投资"的，不作此项调整。

第八，调整长期债券投资对非财政拨款结余的影响。

科学事业单位应当按照原账的"长期投资"科目余额中属于债券投资的余额，借记"非财政拨款结余"科目，贷记"资金结存——货币资金"科目。

按照原制度核算长期投资,而且对应科目为"非流动资产基金——长期投资"的,不作此项调整。

第九,调整短期借款、长期借款对非财政拨款结余的影响。

科学事业单位应当按照原账的"短期借款""长期借款"科目余额,借记"资金结存——货币资金"科目,贷记"非财政拨款结余"科目。

第十,调整应付票据、应付账款、应付职工薪酬、长期应付款对非财政拨款结余的影响。

科学事业单位应当对原账的"应付票据"、"应付账款"、"应付职工薪酬"和"长期应付款"科目余额进行分析,区分其中发生时计入支出的金额和未计入支出的金额。将计入支出的金额划分出财政补助应付的金额、非财政补助专项资金应付的金额和非财政补助非专项资金应付的金额,按照非财政补助非专项资金应付的金额借记"资金结存——货币资金"科目,贷记"非财政拨款结余"科目。

第十一,调整应缴增值税对非财政拨款结余的影响。

科学事业单位应当对原账"应缴税费——应缴增值税"科目余额进行分析,划分出与非财政补助专项资金相关的金额和与非财政补助非专项资金相关的金额。按照与非财政补助非专项资金相关的金额,计算应调整非财政拨款结余的金额。

应调整金额如为正数,按照该金额借记"资金结存——货币资金"科目,贷记"非财政拨款结余"科目;如为负数,按照该金额借记"非财政拨款结余"科目,贷记"资金结存——货币资金"科目。

第十二,调整其他应缴税费对非财政拨款结余的影响。

科学事业单位应当对原账"应缴税费"科目余额中非增值税的其他应交税费金额进行分析,划分出财政补助应交金额、非财政补助专项资金应交金额和非财政补助非专项资金应交金额,按照非财政补助非专项资金应交金额,借记"资金结存——货币资金"科目,贷记"非财政拨款结余"科目。

第十三,调整预收账款对非财政拨款结余的影响。

科学事业单位应当按照原账的"预收账款"科目余额中预收非财政非专项资金的金额,借记"资金结存——货币资金"科目,贷记"非财政拨款结余"科目。

第十四,调整其他应付款对非财政拨款结余的影响。

科学事业单位应当对原账的"其他应付款"科目余额(扣除属于受托代理负债的金额)进行分析,区分其中支出类的金额(确认其他应付款时计入支出)和周转类的金额(如收取的押金、保证金等),并对支出类的金额划分为财政补助资金列支的金额、非财政补助专项资金列支的金额和非财政补助非专项资金列支的金额,按照非财政补助非专项资金列支的金额,借记"资金结存——货币资金"科目,贷记"非财政拨款结余"科目。

第十五,调整专用基金对非财政拨款结余的影响。

科学事业单位应当对原账的"专用基金"科目余额进行分析,划分出按照收入比例列支提取的专用基金,按照列支提取的专用基金的金额,借记"资金结存——货币资金"科目,贷记"非财政拨款结余"科目。

(3)科学事业单位按照前述1、2两个步骤难以准确调整出"非财政拨款结余"科目及对应的"资金结存"科目余额的,在新旧制度转换时,可以在新账的"库存现金"、"银行存款"、"其他货币资金"和"财政应返还额度"科目借方余额合计数基础上,对不纳入单位预算管理的资金进行调整(如减去新账中货币资金形式的受托代理资产、应缴财政款、已收取将来需要退回资金的其他应付款等,加上已支付将来需要收回资金的其他应收款等),按照调整后的金额减去新账的"财政拨款结转"、"财政拨款结余"、"非财政拨款结转"和"专用结余"科目贷方余额合计数,加上"经营结余"科目借方余额后的金额,登记新账的"非财政拨款结余"科目贷方；同时，按照相同的金额登记新账的"资金结存——货币资金"科目借方。

（六）"其他结余""非财政拨款结余分配"科目

新制度设置了"其他结余"和"非财政拨款结余分配"科目。由于这两个科目年初无余额，在新旧制度转换时，科学事业单位无须对"其他结余"和"非财政拨款结余分配"科目进行新账年初余额登记。

（七）预算收入类、预算支出类会计科目

由于预算收入类、预算支出类会计科目年初无余额，在新旧制度转换时，科学事业单位无须对预算收入类、预算支出类会计科目进行新账年初余额登记。

科学事业单位应当自2019年1月1日起，按照新制度设置预算收入类、预算支出类科目并进行账务处理。

科学事业单位存在2018年12月31日需要按照新制度预算会计核算基础调整预算会计科目期初余额的其他事项的，应当比照该规定调整新账的相应预算会计科目期初余额。

科学事业单位对预算会计科目的期初余额登记和调整，应当编制记账凭证，并将期初余额登记和调整的依据作为原始凭证。

四、财务报表和预算会计报表的新旧衔接

（一）编制2019年1月1日资产负债表

科学事业单位应当根据2019年1月1日新账的财务会计科目余额，按照新制度编制2019年1月1日资产负债表（仅要求填列各项目"年初余额"）。

（二）2019 年度财务报表和预算会计报表的编制

科学事业单位应当按照新制度及补充规定编制 2019 年财务报表和预算会计报表。在编制 2019 年度收入费用表、净资产变动表、现金流量表和预算收入支出表、预算结转结余变动表时，不要求填列上年比较数。

科学事业单位应当根据 2019 年 1 月 1 日新账财务会计科目余额，填列 2019 年净资产变动表各项目的"上年年末余额"；根据 2019 年 1 月 1 日新账预算会计科目余额，填列 2019 年预算结转结余变动表的"年初预算结转结余"项目和财政拨款预算收入支出表的"年初财政拨款结转结余"项目。

五、其他事项

（1）截至 2018 年 12 月 31 日尚未进行基建"并账"的科学事业单位，应当首先按照《新旧科学事业单位会计制度有关衔接问题的处理规定》（财会〔2014〕4 号），将基建账套相关数据并入 2018 年 12 月 31 日原账中的相关科目余额，再按照该规定将 2018 年 12 月 31 日原账相关会计科目余额转入新账相应科目。

（2）2019 年 1 月 1 日前执行新制度及补充规定的科学事业单位，应当按照该规定做好新旧制度衔接工作。

附表 2-4：

科学事业单位原会计科目余额明细表一

总账科目	明细分类	金额	备注
库存现金	库存现金		
	其中：受托代理现金		

续表

总账科目	明细分类	金额	备注
银行存款	银行存款		
	其中：受托代理银行存款		
	其他货币资金		
其他应收款	在途物品		已经付款或已开出商业汇票，尚未收到物资
	其他		
库存材料	在加工材料		
	非在加工材料		
科技产品	生产成本		
	产成品		
长期投资	长期股权投资		
	长期债券投资		
在建工程	在建工程		
	工程物资		
	预付工程款、预付备料款		
应缴税费	应交增值税		
	其他应交税费		
其他应付款	受托代理负债		
	其他		

附表 2-5：

科学事业单位原会计科目余额明细表二

总账科目	明细分类	金额	备注
应收票据、应收账款	发生时不计入收入		如转让资产的应收票据、应收账款
	发生时计入收入		
	其中：专项收入		
	其他		
预付账款	财政补助资金预付		
	非财政补助专项资金预付		
	非财政补助非专项资金预付		

续表

总账科目	明细分类	金额	备注
其他应收款	预付款项		如职工预借的差旅费等
	其中：财政补助资金预付		
	非财政补助专项资金预付		
	非财政补助非专项资金预付		
	需要收回及其他		如支付的押金、应收为职工垫付的款项等
库存材料、科技产品	购入存货		
	其中：使用财政补助资金购入		
	使用非财政补助专项资金购入		
	使用非财政补助非专项资金购入		
	非购入存货		
长期投资	长期股权投资		
	其中：用现金资产取得		
	用非现金资产或其他方式取得		
	长期债券投资		
应付票据、应付账款、应付职工薪酬、长期应付款	发生时不计入支出		
	发生时计入支出		
	其中：财政补助资金应付		
	非财政补助专项资金应付		
	非财政补助非专项资金应付		
预收账款	预收专项资金		
	预收非专项资金		
应缴税费—应缴增值税	非财政补助专项资金应交		
	非财政补助非专项资金应交		
应缴税费—应缴其他税费	财政补助应交		
	非财政补助专项资金应交		
	非财政补助非专项资金应交		

续表

总账科目	明细分类	金额	备注
其他应付款	支出类		确认其他应付款时确认支出
	其中：财政补助资金应付		
	非财政补助专项资金应付		
	非财政补助非专项资金应付		
	周转类		如收取的押金、保证金等
专用基金	从非财政补助结余分配中提取		
	从收入中列支提取		
	其他		

附表 2-6：

科学事业单位新旧会计制度转账、登记新账科目对照表

序号	新制度科目		原制度科目	
	编号	名称	编号	名称
一、资产类				
1	1001	库存现金	1001	库存现金
2	1002	银行存款	1002	银行存款
3	1021	其他货币资金		
4	1101	短期投资	1101	短期投资
5	1201	财政应返还额度	1201	财政应返还额度
6	1211	应收票据	1211	应收票据
7	1212	应收账款	1212	应收账款
8	1214	预付账款	1213	预付账款
9	1218	其他应收款	1215	其他应收款
10	1301	在途物品		
11	1302	库存物品	1301	库存材料
12	1303	加工物品		

续表

序号	新制度科目		原制度科目	
	编号	名称	编号	名称
一、资产类				
13	1302	库存物品	1302	科技产品
14	1303	加工物品		
15	1501	长期股权投资	1401	长期投资
16	1502	长期债券投资		
17	1601	固定资产	1501	固定资产
18	1602	固定资产累计折旧	1502	累计折旧
19	1611	工程物资	1511	在建工程
20	1613	在建工程		
21	1214	预付账款		
22	1701	无形资产	1601	无形资产
23	1702	无形资产累计摊销	1602	累计摊销
24	1902	待处理财产损溢	1701	待处置资产损溢
二、负债类				
25	2001	短期借款	2001	短期借款
26	2101	应交增值税	2101	应缴税费
27	2102	其他应交税费		
28	2103	应缴财政款	2102	应缴国库款
29			2103	应缴财政专户款
30	2201	应付职工薪酬	2201	应付职工薪酬
31	2301	应付票据	2301	应付票据
32	2302	应付账款	2302	应付账款
33	2305	预收账款	2303	预收账款
34	2307	其他应付款	2305	其他应付款
35	2901	受托代理负债		
36	2501	长期借款	2401	长期借款
37	2502	长期应付款	2402	长期应付款

续表

序号	新制度科目		原制度科目	
	编号	名称	编号	名称
三、净资产类				
38	3001	累计盈余	3001	事业基金
39			3101	非流动资产基金
40	3101	专用基金	3201	专用基金
41	3001	累计盈余	3301	财政补助结转
42			3302	财政补助结余
43			3401	非财政补助结转
44	3001	累计盈余（借方）	3403	经营结余（借方）
四、预算结余类				
45	8101	财政拨款结转	3301	财政补助结转
46	8102	财政拨款结余	3302	财政补助结余
47	8201	非财政拨款结转	3401	非财政补助结转
48	8202	非财政拨款结余	3001	事业基金
49	8301	专用结余	3201	专用基金
50	8401	经营结余	3403	经营结余
51	8001	资金结存（借方）	3301	财政补助结转
52			3302	财政补助结余
53			3401	非财政补助结转
54			3001	事业基金
55			3201	专用基金
56			3403	经营结余

第三节　关于贯彻实施政府会计准则制度的通知

2018 年 8 月 16 日，财政部发布了《关于贯彻实施政府会计准则制度的通知》（财会〔2018〕21 号），对新制度的实施内容、时间和范围等做出了明确的规定。为做好政府会计准则制度的贯彻实施工作，具体通知如下：

一、关于实施内容、实施时间和范围

（一）实施内容

本通知所指的政府会计准则制度包括以下内容：

（1）《政府会计准则——基本准则》。

（2）《政府会计准则第 1 号—— 存货》《政府会计准则第 2 号—— 投资》《政府会计准则第 3 号——固定资产》《政府会计准则第 4 号——无形资产》《政府会计准则第 5 号——公共基础设施》《政府会计准则第 6 号——政府储备物资》等政府会计具体准则。

（3）《〈政府会计准则第 3 号——固定资产〉应用指南》等准则应用指南。

（4）《政府会计制度——行政事业单位会计科目和报表》。

（5）医院、基层医疗卫生机构、高等学校、中小学校、科学事业单位、彩票机构、国有林场和苗圃等行业事业单位执行《政府会计制度——行政事业单位会计科目和报表》的补充规定。

（6）行政单位、事业单位和医院、基层医疗卫生机构、高等学校、中小学校、科学事业单位、彩票机构、国有林场和苗圃、地质勘查事业单位、测绘事业单位等行业事业单位执行《政府会计制度——行政事业单位会计科目和报表》的衔接规定。

（7）财政部制定的关于政府会计准则制度的其他规定。

（二）实施时间和范围

自 2019 年 1 月 1 日起，政府会计准则制度在全国各级各类行政事业单位全面施行。执行政府会计准则制度的单位，不再执行《事业单位会计准则》、《行政单位会计制度》（财库〔2013〕218 号）、《事业单位会计制度》（财会〔2012〕22 号）、《医院会计制度》（财会〔2010〕27 号）、《基层医疗卫生机构会计制度》（财会〔2010〕26 号）、《高等学校会计制度》（财会〔2013〕30 号）、《中小学校会计制度》（财会〔2013〕28 号）、《科学事业单位会计制度》（财会〔2013〕29 号）、《彩票机构会计制度》（财会〔2013〕23 号）、《地质勘查单位会计制度》（财会字〔1996〕15 号）、《测绘事业单位会计制度》（财会字〔1999〕1 号）、《国有林场与苗圃会计制度（暂行）》（财农字〔1994〕第 371 号）和《国有建设单位会计制度》（财会字〔1995〕45 号）等制度。

军队、已纳入企业财务管理体系执行企业会计准则或小企业会计准则的事业单位和执行《民间非营利组织会计制度》的社会团体，不执行政府会计准则制度。

二、扎实做好政府会计准则制度实施准备工作

（一）强化宣传培训

各级财政部门和有关部门要积极采取各种方式，广泛宣传政府会计改革的重要意义和政府会计准则制度的基本精神，争取广泛理解和支持，为政府会计准则制度的贯彻实施营造良好的社会氛围。各部门、各单位要着力加强对政府会计准则制度的培训工作，做到横向到边、纵向到底、不留"死角"，使广大会计人员全面掌握政府会计准则制度各项规定和具体要求，确保实施过程中"不变形""不走样"。要把政府会计准则制度培训纳入会计人员继续教育内容，使广大财会人员丰富知识体系，不断提高职业判断能力。

（二）扎实做好新旧制度衔接

各部门、各单位应当在 2016 年资产清查核实的基础上，根据政府会计准则制度的要求，进一步清理核实和归类统计固定资产、无形资产、库存物品、对外投资等资产数据，为准确计提折旧、摊销费用、确定权益等提供基础信息；进一步规范和加强往来款项的管理，全面开展往来款项专项清理和账龄分析，做好坏账准备计提的相关工作；进一步清理基本建设会计账务，及时将已交付使用的建设项目转为固定资产、无形资产等，按规定及时办理基本建设项目竣工财务决算手续，为将基本建设投资业务纳入单位会计"大账"做好准备；进一步明晰资产占有、使用和维护管理的责任主体，按规定将单位控制的公共基础设施、政府储备物资、保障性住房等资产以及单位受托管理的资产登记入账，确保国有资产信息全面完整；进一步梳理和分析各项结转结余资金的构成和性质，按规定确定新账中各项预算结余科目及资金结存科目的金额，夯实部门决算的核算基础。在上述工作基础上，各部门、各单位应当严格按照财政部制定的新旧制度衔接规定，做好新旧转账及调整工作，必要时可聘请会计师事务所等中介机构参与其中，确保新旧制度有序衔接、平稳过渡。

（三）加强政府会计信息化建设

各部门、各单位应当按照新制度要求，对原有会计信息系统进行及时更新和调试，包括新建账套、更新会计科目体系、调整会计科目余额及核算基础、补提相关资产的折旧与摊销、将基建账套纳入单位"大账"、将未入账事项登记新账科目、确定 2019 年财务会计和预算会计科目各项期初数等工作，实现数据正确转换。各部门、各单位要树立"业财融合"的理念，推动经济业务与会计管理的深度融合发展，以政府会计准则制度实施为契机，加强信息化建设，推进业务信息系统与会计信息系统的有效对接，为政府会计准则制度实施提供技术支撑，确保单位会计信息系统所生成的信息能够满足政府会计改革的需要。各级财政部门和有关行业主管部门应当加强对单位会计信息化工作的指导，积极引导软件厂商为单位会计信息化工作提供高质量的技术服务。

（四）加强政策协调

各级财政部门要把思想和行动统一到落实党中央、国务院相关决策部署上来，推动修订完善相关法规，加快修订完善相关财务制度，进一步完善决算报告制度，优化政府财政管理信息系统，认真做好各项政策统筹协调。各部门、各单位要以贯彻实施政府会计准则制度为契机，加强会计核算与部门预决算管理、绩效管理、资产管理、政府财务报告编制等工作的协调，不断提升部门、单位的财务管理水平。

三、加强政府会计准则制度贯彻实施的组织领导

贯彻实施政府会计准则制度，是全面落实党的十八届三中全会关于"建立权责发生制的政府综合财务报告制度"、党的十九大关于"全面实施绩效管理"等决策部署的重要举措，对于科学、全面、准确反映政府资产负债和成本费用，加快建立现代财政制度，更好地发挥财政在国家治理中的基础和重要支柱作用具有重要而深远的意义。政府会计准则制度的实施工作涉及面广，技术性、政策性强，各部门、各单位的负责人要提高政治站位，认真落实《会计法》关于"单位负责人对本单位的会计工作和会计资料的真实性、完整性负责"的规定，把政府会计准则制度的贯彻实施作为一件大事来抓，加强对单位会计工作的组织领导，组织制定详细的实施方案，指导督促政府会计准则制度有效实施。同时，健全会计机构，充实会计人员，加强基础管理，完善内部控制，为政府会计准则制度实施提供有力保障。

有关行业主管部门要加强对本行业各级行政事业单位贯彻实施政府会计准则制度的指导工作，及时收集整理政府会计准则制度贯彻实施中遇到的问题，及时向财政部（会计司）反馈。

各级财政部门要高度重视政府会计准则制度的贯彻实施工作，建立健全工作机制，加强统筹规划、协调指导、宣传培训和督促检查，积极推进本地区政府会计准则制度的贯彻实施。各省、自治区、直辖市、计划单列市财政厅（局）和新疆生产建设兵团财政局应当于 2018 年 9 月 30 日之前，将本地区政府会计准则制度贯彻实施准备情况报送财政部（会计司）。

第三章　科学事业单位新旧会计制度衔接工作指导

　　为确保新旧制度衔接平稳过渡，财政部制定的新旧制度衔接问题处理的相关文件从以下五个方面提出了具体衔接规定，包括对新旧制度衔接提出了总要求，规定了财务会计科目的新旧衔接，制定了预算会计科目新旧衔接的办法，明确了财务报表和预算会计报表的新旧衔接，以及对其他事项做出了具体规定。这些相关文件给科学事业单位做好新旧制度衔接提供了工作指导，同时也规范了科学事业单位的新旧制度衔接行为，确保衔接工作的规范实施。

　　需要关注的是虽然相关文件给出了新旧衔接问题处理的原则性建议，但是在一些特别业务事项如预算会计科目新旧衔接的处理上以及衔接转换操作性方面还可以进一步系统化。

　　例如，为了完成新旧财务会计科目衔接，科学事业单位应如何开展前期准备工作？前期准备工作需要重点解决什么问题？对资产、债务的清查处理，是否必须按衔接办法规定在2019年1月1日时按新制度要求入账处理？部分业务事项在尚未发布具体准则情况下如何确认、反映，如预计负债等？在新制度下，如何制定应收、应付取款的确认原则？科学事业单位如果存在开发支出，应该如何完成制度衔接？2019年1月1

日新旧制度转换时，在尚不能获得被投资单位所有者权益信息情况下，如何确认"长期股权投资"科目下"新旧制度转换调整"的明细科目金额？等等。

再有，在完成预算会计科目的新旧衔接时，虽然相关制度提供了预算会计科目的新旧衔接的解决办法，如先解决"财政拨款结转"和"财政拨款结余"科目及对应的"资金结存"科目余额，再解决"非财政拨款结转"科目与对应"资金结存"科目余额，最后解决"非财政拨款结余"科目与对应"资金结存"科目余额，以及其他结余科目如"经营结余""专用结余"与对应"资金结存"科目余额，制度对上述调整的规定已经比较全面，但具体到每一个科学事业单位的实务操作，仍需进一步细化补充。

为此，我们在遵循财政部制定的相关新旧制度衔接规定的基础上，依据科学事业单位的业务特点，提出了新旧制度衔接工作操作指南，配合财政部门下发的衔接规定完成科学事业单位新旧制度的衔接。

第一节 新旧制度衔接的总体工作内容

新旧制度的会计科目的衔接可以划分为三个类型：一是新制度科目与旧制度科目核算和反映的内容完全一致，这类科目可以直接对应转入。二是将旧制度存在、新制度取消的科目，拆分或归并到新制度科目中；对新制度新增的科目，要对旧制度相关科目分类分析，对应转入。三是按新制度要求需要重新确认的有关收入、支出和债权、债务等部分经济业务事项，按新制度要求确认反映。

新旧制度衔接的完成从时间上可划分为两个时间段：一是 2018 年 12 月 31 日，需要完成衔接前准备及旧制度的核算工作；二是 2019 年 1

月1日，需要完成新旧制度的衔接。

为确保新旧制度衔接工作的严肃性和规范性，本章我们特编制了两个主要表（附表3-1和附表3-27）以及为这两个表格提供信息的一系列附表。附表3-1是科学事业单位新旧会计制度财务会计科目切换衔接对照表，用于基础信息数据采集，收集新旧财务会计科目衔接对应信息，为完成新旧制度财务会计科目的衔接以及2019年1月1日资产负债表编制提供信息；附表3-3至附表3-26，除为完成附表3-1及附表3-2数据提供支持之外，还反映单位部分资产、负债及结存形成的资金性质来源，为完成预算会计衔接提供基础信息；附表3-27的科学事业单位原会计科目与预算会计科目衔接表是为完成预算会计科目衔接专门设置的，全面有效提供预算会计科目衔接所需信息。各科学事业单位应研究、分析单位现有的财务信息，按要求、按工作流程认真填报上述附表，即可规范、顺利完成新旧制度的衔接。

为此，各科学事业单位要做好以下基础工作：

一是在2018年12月31日前完成新旧制度衔接的前期准备工作。

各科学事业单位应在2016年资产清查核实的基础上，对单位各项资产、债务进行全面的清查清理，并根据现行财务制度，及时处理清查结果，夯实单位财务基础信息。同时，按新旧制度衔接要求收集以下财务信息：新制度会计科目与原制度会计科目的对应关系；预算会计科目新旧衔接时所需的部分资产占用、债务形成的资金性质信息，即是财政资金还是非财政资金，是专项还是非专项；重新梳理单位经济合同，按新制度权责发生制要求确认单位债权债务；按新制度要求确认某些特别业务事项处理原则，如长期股权投资核算方法、坏账准备计提标准、预计负债确认原则等；及时办理基本建设项目竣工财务决算手续，清理基本建设会计账务，为新旧制度衔接做好准备等。

二是在2019年1月1日完成新旧制度的衔接。

（1）按照新建会计科目体系，编制新账科目余额表：按照新制度要求设立会计科目，将 2018 年 12 月 31 日原账会计科目余额分析转入新账的会计科目，将未入账事项登记新账科目，并对相关新账目余额进行调整；完成附表 3-1 至附表 3-26、附表 3-27 至附表 3-35 的信息填写，编制 2019 年 1 月 1 日新账会计科目余额表，形成新会计制度实施要求的初始数据。

（2）编制新账资产负债表：根据新账各会计科目期初余额，按照新制度编制 2019 年 1 月 1 日的资产负债表。

第二节　做好衔接准备工作（2018 年 12 月 31 日前）

要完成附表 3-1 至附表 3-26 数据的填写，各单位应在 2018 年底前认真完成以下工作。

一、做好单位资产清查工作

（一）清查核实存货、固定资产、无形资产等资产数据

（1）对存货、固定资产、无形资产进行全面清查。及时处理清查结果，核实单位资产价值。将盘盈的存货、固定资产和无形资产按照原制度登记入账；对清查中发现的报废、盘亏和损毁资产，各单位按相关规定审批后进行销账处理。

（2）明确固定资产的使用对象。因实施新制度后，财务会计要将实提折旧。每月提取的折旧需要归类记入相关费用科目中，如是计入业务活动费用还是单位管理费用，业务活动费用是科研活动费用还是非科研活动费用。所以单位要对固定资产按照使用对象归类，分清使用设备是业务活动用设备还是管理活动用设备（包括行政管理用设备、后勤保

障用设备）。对于业务活动用设备，还需进一步分清是科研活动用设备还是非科研活动用设备；对于非科研活动用设备，也需要分清是技术活动用设备、学术活动用设备、科普活动用设备、试制产品用设备还是教学活动用设备等。

（3）固定资产补提一个月的折旧。目前部分科学事业单位执行的固定资产计提折旧方法为：当月增加的固定资产，下月开始计提折旧。根据《〈政府会计准则第3号——固定资产〉应用指南》（财会〔2017〕4号）的规定，当月增加的固定资产，当月开始计提折旧。因此部分科学事业单位在2018年底应补提一个月固定资产折旧。

（二）清理清查各项债权

新制度采用权责发生制，为做好衔接工作，各单位应该按新制度要求，做好债权的确认工作，及时核销坏账，为实现衔接做好数据准备。

（1）坏账准备。对清查中发现单位应收账款、其他应收款中存在因债务人死亡、破产、较长时期内（如超过3年）未履行偿债义务，并有足够的证据表明无法收回或收回的可能性极小等情况造成不能收回的坏账，各单位应及时按规定程序办理核销坏账审批手续。

同时，全面开展往来款项专项清理和账龄分析，做好新旧衔接时坏账准备计提的相关工作。

（2）应收款项。梳理现有经济合同，按权责发生制核算要求，确认未入账的应收款项，自行制表备查，为2019年新制度衔接补入账准备数据。

（3）应收股利。按政府会计制度的要求，应当将2018年12月31日前未入账的应收股利按照新制度规定记入新账。确认单位因持有长期股权投资而应当收取的现金股利或应当分得的利润金额，自行制表备查，为2019年新制度衔接确认应收股利准备数据。

（4）应收利息。按政府会计制度的要求，确认长期债券投资期末应收利息，自行制表备查，为 2019 年新制度衔接调整长期债券投资或应收利息准备数据。

（三）确认长期股权投资核算方法

核实单位所占被投资单位权益份额，明确是否有权决定或参与对被投资单位的财务和经营政策。投资准则要求长期股权投资在持有期间，一般采用权益法核算。单位无权决定被投资单位的财务和经营政策或无权参与被投资单位的财务和经营政策决策的，可以采用成本法进行核算。科学事业单位要对每一项长期股权投资采用成本法或权益法核算提供充分的依据，核算方式一经确定不得随意变更。如果有被投资单位属于非企业法人单位的，应当将对非企业法人单位出资的金额从原账的"长期投资"科目余额转出，借记原账的"非流动资产基金—长期投资"科目，贷记原账的"长期投资"科目。

要注意的是，被投资单位出具年度财务报告时间可能会滞后于科学事业单位财务决算报告的编制时间，如果长期股权投资采用权益法核算，在编制决算报告时可能无法及时获得被投资单位 2018 年 12 月 31 日所有者权益的相关数据。因此，建议 2019 年 1 月 1 日长期股权投资所需衔接数据以被投资单位 2017 年财务报告数据为基础确认。

（四）完成在建工程科目的衔接

按新制度和基本建设项目财务管理制度要求设置"在建工程"明细科目，按项目明细核算在建工程。各单位必须梳理原账中在建工程项目所核算和反映的内容，原账"在建工程"科目余额中属于为在建工程准备的各种物资成本，包括工程用材料、设备等，在新账"工程物资"中反映；原账"在建工程"科目余额中属于预付备料款、预付工程款的金额，在"预付账款"中单独反映；实现将原账"在建工程"科目金额减去属于工程物资、预付备料款、预付工程款金额后的差额向新账"在建工程"明细科目衔接。

（五）合理确认研发支出

在新旧制度转换时，应当将2018年12月31日前未入账的自行研究开发项目开发阶段的费用按照新制度规定记入新账。登记新账时，按照确定的开发阶段费用金额，借记"研发支出"科目，贷记"累计盈余"科目。2018年存在研发支出的单位要做好相关信息的统计，自行制表备查。

（六）其他新增资产科目处理

（1）受托代理现金、银行存款。分析原账"库存现金""银行存款"科目余额中是否存在属于单位受托代理、代管的现金、银行存款余额，单独明细反映。例如，某大学收到某研究所划拨资金，受托为其代为培养的研究生发放助学金，大学应将该笔资金作为受托代理银行存款核算反映。

（2）其他货币资金。分析原账"银行存款"科目余额中属于外埠存款、银行本票存款、银行汇票存款、信用卡存款、微信支付等各种存款，从"银行存款"科目余额中转入新账"其他货币资金"账户中。

（3）在途物品。分析原账"其他应收款"科目余额中已经付款或开出商业汇票、尚未收到物资的金额，在新账"在途物资"中反映。

（4）加工物品。分析原账"库存材料"科目余额中属于在加工材料的金额；分析原账"科技产品"科目余额中属于"生产成本"的金额。两项合并形成新账"加工物品"金额。

（5）库存物品。分析原账"科技产品"科目余额中属于"产成品"的金额，将其转入新账"库存物品"中。

（6）受托代理资产。分析未入账的接受委托方委托管理的各项资产，包括受托指定转赠的物资、受托存储保管的物资等成本，在新账

"受托代理资产"科目明细反映。

二、认真开展债务清理

（一）按新制度要求核实并反映单位债务

按新制度要求，各科学事业单位应抓紧对单位债务情况进行清理，全面梳理经济合同、检查票据、核实债务，完整反映单位债务状况。

（1）应付质量保证金及应付合同尾款。梳理单位未实施完毕的合同，清查在2018年12月31日尚未入账的应付质量保证金，以及对合同执行完毕并已经收到对方全额发票的未支付工程或设备等尾款的，自行制表备查，在2019年1月1日按新制度入账。

（2）应付利息。如果单位存在长期借款，依据新制度要求核实长期借款应付利息金额，自行制表备查，在2019年1月1日新账中确认。

（3）预计负债。预计负债是新设置的会计科目。预计负债是指根据或有事项等相关准则确认的各项负债，对外提供担保、未决诉讼、产品质量保证等事项会产生预计负债。鉴于预计负债目前尚未制定具体的准则或确认规则，各单位慎用该科目。

（4）受托代理负债。分析确认"其他应付款"科目余额中是否存在属于受托代理负债的金额，自行制表备查，2019年1月1日转入新账的"受托代理负债"科目。

（二）做好其他债务科目的衔接

新制度"短期借款"、"应付职工薪酬"、"应付票据"、"应付账款"、"预收账款"、"长期借款"、"长期应付款"和"其他应付款"科目，这些科目核算内容一般与原账科目核算内容相同，2019年1月1日转账时，各单位应当将原账科目余额直接转入新账的相应科目中。

如果"其他应付款"科目余额中含有基建并账借款利息，需调整到"应付利息"科目中。

原制度的"应缴税费"科目，对应新制度"应交增值税"和"其他应交税费"科目，各单位需要拆分填列。

原制度"应缴国库款""应缴财政专户款"科目，对应新制度"应缴财政款"科目，各单位需要合并按明细分析填列。

三、准备预算会计衔接所需信息

（一）新旧制度衔接规定中预算会计衔接的基本原则

由于政府会计主体采用了"双功能"、"双基础"和"双报告"的核算模式，预算会计核算按照收付实现制来处理经济业务。旧制度下，科学事业单位会计核算一般采用收付实现制，但部分经济业务或者事项的核算采用权责发生制，因此在确定新账预算会计相关科目的余额时，就需要依据平行记账机理并结合新旧会计制度之间核算口径的具体差异情况，对原账所对应的相关会计科目的金额做必要的调整。

对财政部下达的新旧制度衔接规定进行总结，衔接规定是依据下面原则展开的。

1. "财政拨款结转"和"财政拨款结余"科目衔接

新账"财政拨款结转"科目贷方余额=原账"财政补助结转"科目余额

+各项结转转入的支出中已经计入支出尚未支付财政资金（如发生时列支的应付账款）的金额

-已经支付财政资金尚未计入支出（如购入的库存材料、科技产品

成本中支付的款项、预付账款等）的金额

（因为财政资金不需要考虑收入项新旧制度的差异影响）

新账"财政拨款结余"科目贷方余额=原账"财政补助结余"科目余额

（因为原账"财政补助结余"科目不直接对应收入和支出类科目）

新账"资金结存—财政应返还额度"科目借方余额=原账"财政应返还额度"科目余额

新账"资金结存—货币资金"科目借方余额=新账"财政拨款结转"科目贷方余额

+新账"财政拨款结余"科目贷方余额

−新账"资金结存—财政应返还额度"科目借方余额

2."非财政拨款结转"科目衔接

新账"非财政拨款结转"科目贷方余额=原账"非财政补助结转"科目余额

+各项结转转入的支出中已经计入支出尚未支付非财政补助专项资金（如发生时列支的应付账款）的金额

−已经支付非财政补助专项资金尚未计入支出（如购入的库存材料、科技产品成本中支付的款项、预付账款等）的金额

+各项结转转入的收入中已经收到非财政补助专项资金尚未计入收入（如预收账款）的金额

−已经计入收入尚未收到非财政补助专项资金（如应收账款）的金额

新账"资金结存—货币资金"科目借方余额=新账"非财政拨款结转"科目贷方余额

3."非财政拨款结余"科目衔接

1）原账"事业基金"余额转入"非财政拨款结余"

虽然新制度未设置"事业基金"科目，但新制度设置的"非财政

拨款结余"能够完全反映单位非财政非专项资金业务形成的累计结余信息。

新账"非财政拨款结余"科目贷方余额=原账"事业基金"科目余额

新账"资金结存—货币资金"科目借方余额=新账"非财政拨款结余"科目贷方余额

2）对新账"非财政拨款结余"科目及"资金结存"科目余额进行调整

由于新旧制度核算基础的不同，原制度因遵守权责发生制原则而产生的业务在衔接时必须调整。这类业务影响将在原账中"应收账款"、"应收票据"、"预付账款"、"其他应收款"、"应付账款"、"应付票据"、"其他应付账款"、"预收账款"、"应付职工薪酬"和"应交税费"等科目余额中体现。这导致新制度下"非财政拨款结余"科目余额与原账中"事业基金"科目余额有所差异，需要调整，调整原则与前面"非财政拨款结转"原则基本一致。

原制度中对某些业务事项处理与新制度预算会计确认不一致，致使新旧制度衔接时需要调整新账"非财政拨款结余"科目余额。

如原制度中对"存货""科技产品"的账务处理列为资产项目，未计入支出，按新制度收付实现制角度看，从原账"事业基金"余额转入新账"非财政补助结余"中的余额就被虚增了，需要分析原账"存货""科技产品"科目余额，对使用非财政非专项资金购入的金额，需要在新账"非财政拨款结余"中扣除，即

借：非财政拨款结余

　　贷：资金结存—货币资金

原制度对"短期投资"财务处理也是列为资产，未计入支出，且投资一般要求单位使用事业结余，因此按新制度收付实现制要求，需要对新账"非财政拨款结余"进行调整。

原制度对"长期投资"使用货币资金投资的账务处理如下：

借：长期投资

　　贷：银行存款等科目

借：事业基金

　　贷：非流动资产基金—长期投资

货币资金的投资行为导致事业基金的减少，视同产生了支出，因此按照原制度核算长期投资而且对应科目为"非流动资产基金—长期投资"的，不作此项调整。

原制度对"短期借款""长期借款"的账务处理为债务，未按新制度收付实现制要求确认为收入，因此需要对新账"非财政拨款结余"科目余额进行调整。

最后需要调整专用基金对非财政拨款结余的影响。原制度专用基金获得有两种方式，一种是从结余分配中产生，一种是按照收入比例列支提取。结余分配中产生的专用基金不会对新账"非财政拨款结余"科目余额产生影响，但按照收入比例列支提取的专用基金，未发生对应的货币资金支付，需要按照列支提取的专用基金的金额，调整"非财政拨款结余"科目。

借：资金结存—货币资金

　　贷：非财政拨款结余

衔接规定还提供了简单有效的简化计算方法，通过倒挤方式计算"非财政拨款结余"。在新旧制度转换时，科学事业单位可以在新账的"库存现金"、"银行存款"、"其他货币资金"和"财政应返还额度"科目借方余额合计数的基础上，对不纳入单位预算管理的资金进行调整（如减去新账中货币资金形式的受托代理资产、应缴财政款、已收取将来需要退回资金的其他应付款等，加上已支付将来需要收回资金的其他应收款等），按照调整后的金额减去新账的"财政拨款结转"、"财政拨款结余"、"非财政拨款结转"和"专用结余"科目贷方余额合计数，加上"经营结余"科目借方余额后的金额，登记新账的"非财政拨款结余"科目贷方；同时，按照相同的金额登记新账的"资金结存—货币资金"科目借方。

4. "专用结余""经营结余"科目的衔接

按衔接规定完成上述科目的衔接。

特别关注：资产、负债类科目中凡涉及原账"专用基金"来源的，需分析具体情况逐项考虑对衔接后"专用结余"的影响。

（二）预算会计科目新旧衔接的新思路

衔接规定中预算会计科目新旧衔接原则理论上是正确的，实践中也能够指导完成单位预算会计科目的新旧衔接转换。衔接规定中预算会计新旧科目衔接是从财政结转和结余、非财政结转和结余及其他各项结余角度，逐项分析，判断权责发生制与收付实现制对特定业务在收入、支出确认上产生的差异，将原结转或结余项调整还原新制度下结转或结余。但在一些特别业务事项如预算会计科目新旧衔接的处理以及衔接转换操作性方面还可以进一步系统化。

众所周知，会计存在简单平衡等式，即资产=负债+净资产，其中净资产=事业基金+非流动资产基金+专用基金+财政补助结转+财政补助结余+非财政补助结转+经营结余（借方）

将平衡关系扩展：

流动资产+非流动资产=负债+［事业基金+非流动资产基金+专用基金+财政补助结转+财政补助结余+非财政补助结转+经营结余（借方）］

一般情况下，非流动资产=非流动资产基金

实际中下列情况可能致使非流动资产与非流动资产基金存在差异。一是分期付款、融资租赁购买的固定资产；二是基建并账并入原基建账上的在建工程存在应付账款；三是待处置资产损溢中含有的非流动资产项目。

考虑上述原因，非流动资产+资产科目调整（待处置资产损溢中非流动资产部分）=非流动资产基金+负债科目调整（相关的长期应付款及应付账款等部分）。

上述平衡关系是建立在原科学事业单位会计核算基础上的，部分经济业务或者事项的核算采用权责发生制，因此在确定新账预算会计相关科目的余额时，就需要依据平行记账机理并结合新旧会计制度之间核算口径的具体差异情况，对原账所对应的相关会计科目的金额做必要的调整。

先按收付实现制原则，鉴于非流动资产与非流动资产基金一般相等，不考虑其对结转结余产生影响，仅对资产负债表中的流动性资产（不含货币资金）、负债进行逐项分析，分析余额可能对财政、非财政结转、结余产生的影响，并做出相应调整，即借或贷资金结存，借或贷财政拨款结转或非财政拨款结转或结余，与衔接规定中的方法基本一致。

例如，2018 年末，库存材料科目账面余额 700 万元，经分析后其余额构成为：①使用财政补助资金购入的金额 100 万元；②使用非财政补助专项资金购入的金额 100 万元；③使用非财政补助非专项资金购入的金额 100 万元；④使用专用基金购入的金额 100 万元（如使用单位福利基金购置本单位食堂使用小型炊具用品形成的存货），进一步分析所使用专用基金的形成来源，其中由结余分配形成的金额 50 万元，由收入及支出提取形成的金额 50 万元；⑤获取捐赠取得库存材料一批，价值 50 万元；⑥通过承担负债方式（应付票据、应付账款等）取得库存材料一批，价值 250 万元。

做衔接调整如下：

借：财政拨款结转（累计结转）　　　　　　　　　　　　100

　　非财政拨款结转（累计结转）　　　　　　　　　　　100

　　非财政拨款结余（累计结余）　　　　　　　　　　　100

　　专用结余（明细科目）　　　　　　　　　　　　　　　50

非财政拨款结余（累计结余）　　　　　　　　　50

　　　　　　　　（由收入及支出提取形成）

非财政拨款结余（累计结余）　　　　　　　　　50

　　　　　　　　（捐赠）

贷：资金结存（明细科目）　　　　　　　　　450

　　通过承担负债方式（应付票据、应付账款等）取得库存材料相对应的金额250万元，由于不涉及资金收支且不影响各类结存，不做衔接处理。

　　对每一流动性资产、负债逐项分析调整的结果，与原账中结转结余科目余额进行汇总，最终完成预算会计科目的新旧衔接，获取新制度下预算会计资金结存、财政拨款结转、财政拨款结余、非财政拨款结转、非财政拨款结余等科目余额。

　　此外，在按照上述规则完成衔接调整及结转的同时，依据收付实现制原则，调整原资产负债表对应的流动性资产、负债项目金额，得到一个调整后的新资产负债表。

　　例如，2018年末，短期借款科目账面余额500万元，经分析，全部为向银行借入的短期流动资金借款。分析后，需要做出以下衔接调整：

借：资金结存（明细科目）　　　　　　　　　500

　　贷：非财政拨款结余（累计结余）　　　　　500

　　在获得相关预算会计科目衔接调整信息的同时，如果用收付实现制的原则看待该事项，该短期借款应转为"收入"确认，最终进入"非财政拨款结余"贷方，因此需要相应调整原账资产负债表中"短期借款"余额，调减500万元。

　　这样通过对其他流动性资产（不含货币资金）、负债类项目逐项分析其余额构成，分别判断其余额构成对财政、非财政结转或结余所产生影响，并相应调整资产、债务金额，能够得到：

　　预算会计各结转结余类科目余额=预算会计资金结存=原账净资产类科目余额（剔除非流动资产基金）+调整原账负债科目金额（剔除对

应非流动资产的负债）–调整原账资产科目金额（剔除非流动资产，包括待处置资产中的非流动资产）

同时，通过调整原账资产负债表后的平衡关系，倒挤计算出预算会计各结转结余金额，得出校验关系：

调整后的预算会计各结转结余类科目余额=调整后原账（资产类–负债类–净资产类）科目余额（即资金结存金额）。

详细的计算可参见"科学事业单位原会计科目与预算会计科目衔接表"，即附表 3-27。按照这样的总体思路进行预算会计新旧制度的衔接，信息完整，对应关系更加清晰，计算准确可靠。

完成这些工作，要求科学事业单位在实际工作时应依据预算会计核算要求对 2018 年 12 月 31 日单位资产负债表中部分资产和负债明细构成逐项进行分析（长期资产与非流动基金平行记账，如有差异在相应资产、负债科目分析时考虑），确定占用资金或形成资金来源的性质及可能对预算会计结转结余科目产生的影响，并进行追溯调整。同时，根据部门预算管理及项目管理要求进一步调整后，形成预算会计 2019 年 1 月 1 日资金结存、财政拨款结转、财政拨款结余、非财政拨款结转、非财政拨款结余、专用结余及经营结余的余额，通过编制衔接凭证完成预算会计期初数据的衔接。

第三节　新旧制度衔接的具体流程

一、2018 年 12 月 31 日之前，认真填报附表 3-1 至附表 3-26；在 2019 年 1 月 1 日，完成新账建立工作

（1）各科学事业单位应该以附表3-1为基础，按会计科目顺序开展

梳理工作。对于要求开展明细清查的会计科目，逐一填写附表3-3至附表3-26内容。对于资产清查中发现的盘盈、盘亏等，若手续齐全，建议在原账中及时进行会计处理。

（2）2018年12月31日后，完成基建并账与事业大账年结，编制部门决算报表。做好数据备份工作。

（3）开启2019年会计期间，完成新旧会计制度信息系统的切换。所有切换及账务处理需在2019年1月1日这一会计日期完成。

将新旧制度下会计科目核算反映内容一致的科目余额完整对应结转，填入附表3-1新科目余额；将原制度存在、新制度取消的科目，或新制度新增的科目拆分或归并，分析填入附表3-1新科目余额。对于拆分的科目，应在2019年1月1日登记入账。对于合并的科目，可在切换时直接并入新账。

（4）按新制度要求需要重新确认的有关收入支出和债权债务等部分经济业务事项，依据自行制表备查的数据，填入附表3-1新科目余额，如调整的应收股利、应付利息、预计负债、应付质量保证金等。在2019年1月1日做好原未入账事项的账务补登工作。

第一，将2018年12月31日前未入账的应收账款、应收股利记入新账。数据来源于附表3-5、附表3-7。

第二，将2018年12月31日之前存在尚未入账的在途物品，记入新账，并相应贷记"累计盈余"科目。数据来源于附表3-9。

第三，将2018年12月31日按照新制度规定确认的预计负债记入新账，并相应借记"累计盈余"科目。

第四，将2018年12月31日前存在的应付质量保证金登记入新账。借记"累计盈余"科目，贷记"其他应付款"或"长期应付款"科目。

第五，长期股权投资，若使用权益法要调整长期股权投资的账面余额。

（5）按新制度要求做好首次执行日相关会计科目余额的调整工

作。根据附表3-5、附表3-8、附表3-19提取坏账准备、调整长期借款的应付利息金额等。

（6）完成新旧财务会计衔接转换。生成新制度初始日资产负债表（附表3-2），核实表间平衡关系。检查切换后科目余额是否准确。

二、认真填报附表 3-27 至附表 3-35，完成预算会计新账建立工作

预算会计衔接工作需建立在完成附表 2-4、附表 2-5 中相关信息填报的基础上，各单位要认真组织，完整准确提供基础信息。

（1）仔细参阅科学事业单位预算会计衔接案例，熟悉衔接切换事项及原则。

（2）完成附表 2-6 中各有关资产、负债、净资产类科目涉及的资金性质及课题核算信息的填写。需要注意的是涉及内容应按明细分析填报（仅在课题及资金性质都相同时可合并），以便进行汇总及衔接转换。

（3）分析原账固定资产、无形资产、在建工程等长期资产与所对应的非流动资产基金之间的差异原因（如有）。

（4）根据附表 2-6 中填报的各原账科目的资金性质分类及长期资产与非流动资产基金差异的分析结果，相应填制附表3-27至附表3-35。各表填报要求如下。

第一，附表3-27：本表为预算会计衔接总表，主要用于对原账科目按预算会计衔接要求进行分类，进而区分出纳入预算会计衔接的内容、金额及账务处理对应关系。具体填报方式见表内说明。

第二，附表 3-28 至附表 3-33：用于反映预算会计明细分类结存（"8101 财政拨款结转"、"8102 财政拨款结余"和"8201 非财政拨款结转"等）的调整过程及余额，应根据附表 3-27 中需进行预算会计

衔接的各科目分类明细对各项结存的影响对应填制。

第三，附表 3-34：用于反映完成衔接后的预算会计初始科目余额。本表资金结存科目按附表 3-27 中"资金结存科目"列（借方-贷方）金额填报，其余各结存科目按附表 3-28 至附表 3-33 的对应余额填报。

第四，附表 3-35：用于反映完成衔接后留存原账的科目余额。根据附表 3-27 中无须进行预算会计衔接的各科目分类明细对应填制（注意：不含货币资金）。同时，根据会计平衡原理倒挤出货币资金留存原账余额。

第五，填制校验：附表 3-27、附表 3-34 应通过平衡公式的计算进行校验，如显示不平衡应查明原因并进行调整；附表 3-35 中"留存原账货币资金额"加附表 3-34 中"8001 资金结存"应等于原账货币资金总额。

（5）附表 2-5 填报完成并校验平衡后，通过附表 3-27 列示的"按衔接规定调整及结转金额"列，按各科目资金性质分类的汇总余额分别对照提取附表 2-4 中相对应的组成明细数据，并对应资金结存的相应预算会计明细科目后生成衔接转账凭证。涉及课题核算的科目，需与课题信息组合生成衔接转账凭证。

（6）在熟悉预算会计转换规则并填报附表 2-4 后，如单位经分析后认为衔接前原账科目余额对应的事项内容较少且资金来源较为单一（如余额中仅存在少量结存且往来款较少等），可不编制附表 2-5，直接通过附表 2-4 的填报信息生成预算会计衔接转账凭证。相关简化处理的衔接方法如下。

第一，根据附表 2-4 的相关信息，按衔接规定的要求，直接计算新账"财政拨款结转"、"财政拨款结余"、"非财政拨款结转"、"专用结余"及"经营结余"科目余额。

第二，直接计算新账的"非财政拨款结余"科目余额。在新账的"库存现金"、"银行存款"、"其他货币资金"和"财政应返还额度"科目借方余额合计数基础上，对不纳入单位预算管理的资金进行调整（如减去新账中货币资金形式的受托代理资产、应缴财政款、已收取将来需要退回资金的其他应付款等，加上已支付将来需要收回资金的其他应收款等），按照调整后的金额减去新账的"财政拨款结转"、"财政拨款结余"、"非财政拨款结转"和"专用结余"科目贷方余额合计数，加上"经营结余"科目借方余额后的金额，登记新账的"非财政拨款结余"科目贷方；同时，按照相同的金额登记新账的"资金结存—货币资金"科目借方。

第三，提取附表 2-4 中相对应的组成明细数据，并对应资金结存的相应预算会计明细科目后生成衔接转账凭证。涉及课题核算的科目，需与课题信息组合生成衔接转账凭证。

（7）完成衔接转账后科目对应逻辑校验：转账后"8001 资金结存"明细科目余额应与原账货币资金明细余额（扣除未进行预算会计衔接的货币资金明细后）一一对应。"8101 财政拨款结转"（累计结转）及"8102 财政拨款结余"（累计结余）明细科目余额合计应大于或等于"8001 资金结存"（财政应返还额度）明细科目余额。

三、编制新账科目余额表（2019 年 1 月 1 日）

按照调整后的新账的会计科目余额，编制 2019 年 1 月 1 日的科目余额表，将其作为新账会计科目的期初余额。

四、编制新账资产负债表（2019 年 1 月 1 日）

根据新账会计科目期初余额，按照新制度编制 2019 年 1 月 1 日的资产负债表。

新旧会计制度的衔接工作不是一个简单的科目数据转换填写，其涉及单位财务、资产、科研、人事及基建等方方面面，是一个系统工作，各单位必须高度重视。为此各单位应根据单位具体情况，成立以财务部门牵头的工作小组，制定工作流程和时间表，按时完成衔接转换的基础工作，确保衔接转换工作的完成。

同时，为保证新旧制度衔接的严肃性，保证基础资料的完整可靠，单位必须做好基础工作。衔接过程中需注意的是附表中部分有关资金性质的确认很可能是需要通过判断决定的，这将会影响到单位的结转、结余等大小，各单位应做好基础信息资料准备及提前测算工作。为保证新旧制度转换工作的规范有序，附表将作为衔接转换工作的工作底稿，视同会计基础资料存档保管。

本 章 附 表

附表 3-1　科学事业单位新旧会计制度财务会计科目切换衔接对照表

编制单位：

单位：元

科目类别	原制度科目编码	原制度会计科目	原科目余额	新制度科目编码	新制度会计科目	新科目余额	切换准备注意事项
资产类	1001	库存现金		1001	库存现金		
				100103	其中：库存现金—受托代理资产		注意：区分原制度现金中的"受托代理资产"
	1002	银行存款		1002	银行存款		
				100203	其中：银行存款—受托代理资产		注意：区分原制度银行存款中的"受托代理资产"
				1021	其他货币资金		新增！核算单位的外埠存款、银行汇票存款、银行本票存款、信用卡存款
	1011	零余额账户用款额度		1011	零余额账户用款额度		
	1101	短期投资		1101	短期投资		明细梳理，填写附表 3-3
	1201	财政应返还额度		1201	财政应返还额度		
	1211	应收票据		1211	应收票据		明细梳理，填写附表 3-4
	1212	应收账款		1212	应收账款		明细梳理，填写附表 3-5

续表

科目类别	原制度科目编码	原制度会计科目	原科目余额	新制度科目编码	新制度会计科目	新科目余额	切换准备注意事项
	1213	预付账款		1214	预付账款		明细梳理，填写附表3-6，注意新增"预付账款—基建预付款"科目
				1215	应收股利		新增！填写附表3-7 分析股权投资补记应收股利
				1216	应收利息		新增！核算长期债券投资的应收利息
	1215	其他应收款		1218	其他应收款		明细梳理，填写附表3-8。注意梳理"在途物品"
				1219	坏账准备		新增！分析应收账款和其他应收款收回的可能性
				1301	在途物品		新增！根据原账"其他应收款"科目分析填列
资产类	1301	库存材料		1302	库存物品		明细梳理，填写附表3-9
				1303	加工物品		原账"库存材料"科目中属于"在加工材料"的金额转入新账"加工物品"
	1302	科技产品					原账"科技产品"科目中属于"库存物品"的金额转入新账"库存物品"，填写附表3-9
							原账"科技产品"科目中属于"生产成本"的金额转入新账"加工物品"，填写附表3-9
				1401	待摊费用		
	1401	长期投资		1501	长期股权投资		明细梳理，填写附表3-7
				1502	长期债券投资		

续表

科目类别	原制度科目编码	原制度会计科目	原科目余额	新制度科目编码	新制度会计科目	新科目余额	切换准备注意事项
资产类	1501	固定资产		1601	固定资产		明细梳理，明确使用部门以便未来确定折旧成本科目，填写附表3-10
				1821	文物文化资产		原固定资产中属于文物文化资产的拆分到此
	1502	累计折旧		1602	固定资产累计折旧		折旧方法的规定：固定资产应按月计提折旧，当月增加的固定资产，当月不再计提折旧，当月开始计提折旧；当月减少的固定资产，当月仍计提折旧，当月不再计提折旧。注意：文物、陈列品、动植物；图书、档案；以名义金额计量的固定资产；单独计价入账的土地；以名义金额计量的固定资产不提折旧
	1511	在建工程		1611	工程物资		
				1613	在建工程		基建明细可填写附表3-26
				121408	预付账款—基建预付款		
	1601	无形资产		1701	无形资产		明细梳理，填写附表3-11
	1602	累计摊销		1702	无形资产累计摊销		
				1703	研发支出		
				1891	受托代理资产		
				1901	长期待摊费用		
	1701	待处置资产损溢		1902	待处置财产损溢		明细梳理，填写附表3-12

续表

科目类别	原制度科目编码	原制度会计科目	原科目余额	新制度科目编码	新制度会计科目	新科目余额	切换准备注意事项
负债类	2001	短期借款		2001	短期借款		明细梳理,填写附表3-13,注意:原制度应缴税费中的"其他应交税费""应交增值税"拆分为两个一级科目
	2101	应缴税费		2101	应交增值税		
				2102	其他应交税费		
	2102	应缴国库款		2103	应缴财政款		注意:原制度的"应缴国库款""应缴财政专户款"合并转入新制度的"应缴财政款",变为二级科目
	2103	应缴财政专户款					
	2201	应付职工薪酬		2201	应付职工薪酬		明细梳理,填写附表3-14
	2301	应付票据		2301	应付票据		明细梳理,填写附表3-15
	2302	应付账款		2302	应付账款		明细梳理,填写附表3-16
				2304	应付利息		新增!核算在建工程借款利息和其他借款利息。分析如有应付利息,需补充登记入账。数据来源于附表3-17
	2303	预收账款		2305	预收账款		按新制度的明细科目对应衔接,填写附表3-18
	2305	其他应付款		2307	其他应付款		明细梳理,填写附表3-18
				2401	预提费用		新增!核算项目间接费、管理费等
	2401	长期借款		2501	长期借款		明细梳理,填写附表3-19
	2402	长期应付款		2502	长期应付款		明细梳理,填写附表3-20
				2601	预计负债		新增!分析预计负债,补记账
				2901	受托代理负债		

续表

科目类别	原制度科目编码	原制度会计科目	原科目余额	新制度科目编码	新制度会计科目	新科目余额	切换准备注意事项
净资产类	3001	事业基金		3001	累计盈余		明细梳理，填写附表3-23
	3101	非流动资产基金		3101	专用基金		明细梳理，填写附表3-24
	3201	专用基金					明细梳理，填写附表3-21
	3301	财政补助结转					
	3302	财政补助结余					
	3401	非财政补助结转		3001	累计盈余		明细梳理，填写附表3-22
	3402	事业结余					
	3403	经营结余					明细梳理，填写附表3-25
	3404	非财政补助结余分配					
				3201	权益法调整		核算单位持有的长期股权投资采用权益法时，按照被投资单位除净损益和利润分配以外的所有者权益变动份额调整长期股权投资账面余额而计入净资产的金额
				3301	本期盈余		
				3401	无偿调拨净资产		核算单位本年度发生的事项
				3501	以前年度盈余调整		核算单位本年度发生的调整以前年度盈余的事项，包括本年度发生的重要差错更正以及涉及调整以前年度盈余的事项
	合计				合计		

附表 3-2 新旧资产负债表

原制度资产负债表 单位：元

2018 年 12 月 30 日

项目	年末数	项目	年末数
一、资产合计		**二、负债合计**	
流动资产		流动负债	
库存现金		短期借款	
银行存款		应缴税费	
短期投资		应缴国库款	
财政应返还额度		应缴财政专户款	
应收票据		应付职工薪酬	
应收账款		应付票据	
预付账款		应付账款	
其他应收款		预收账款	
存货		其他应付款	
其他流动资产		其他流动负债	
长期投资		长期借款	
固定资产		长期应付款	
固定资产原价			
减：累计折旧		**三、净资产合计**	
在建工程		事业基金	
无形资产		非流动资产基金	
无形资产原价		专用基金	
减：累计摊销		修购基金	
待处置资产损溢		职工福利基金	
其他		其他专用基金	
		财政补助结转	
		财政补助结余	
		非财政补助结转	
		非财政补助结余	
		其他净资产	
资产总计		**负债和净资产总计**	

政府会计首次启动日资产负债表　　　　单位：元

2019 年 1 月 1 日

项目	年初数	项目	年初数
资产		**负债和净资产**	
流动资产：		**流动负债：**	
货币资金		短期借款	
短期投资		应交增值税	
财政应返还额度		其他应交税费	
应收票据		应缴财政款	
应收账款净额		应付职工薪酬	
预付账款		应付票据	
应收股利		应付账款	
应收利息		应付政府补贴款	
其他应收款净额		应付利息	
存货		预收账款	
待摊费用		其他应付款	
一年内到期的非流动资产		预提费用	
其他流动资产		一年内到期的非流动负债	
流动资产合计		其他流动负债	
非流动资产：		**流动负债合计**	
长期股权投资		**非流动负债：**	
长期债券投资		长期借款	
固定资产原值		长期应付款	
减：固定资产累计折旧		预计负债	
固定资产净值		其他非流动负债	
工程物资		**非流动负债合计**	
在建工程		受托代理负债	
无形资产原值		**负债合计**	
减：无形资产累计摊销			
无形资产净值			
研发支出		**净资产：**	
文物文化资产		累计盈余	
长期待摊费用		专用基金	
待处理财产损溢		权益法调整	
其他非流动资产		无偿调拨净资产	
非流动资产合计		本期盈余	
受托代理资产		**净资产合计**	
资产总计		**负债和净资产总计**	

附表 3-3 短期投资清查明细表

填报单位：

单位：元

项目 行次	会计科目名称	记账凭证编号	投资产品（单位）名称	账面数	清查变动数	清查数	课题段代码	明细分类（预算会计转换时需对应）
栏次	1	2	3	4	5	6	7	8
1	短期投资							对应非财政补助非专项资金
2								
3								
4								
5								
6								
7								

附表 3-4 应收票据清查明细表

填报单位：

单位：元

项目 行次	会计科目名称	记账凭证编号	债务方单位（个人）名称	票据种类	出票单位	账面数	出票日	到期日	票面利率	清查变动数	清查数	课题段代码	明细分类（预算会计转换时需对应）
栏次	1	2	3	4	5	6	7	8	9	10	11	12	13
1	应收票据												发生时不计入预算收入
2													发生时计入预算收入（专项收入）
3													发生时计入预算收入（非专项收入）
4													
5													
6													
7													

填报单位：

单位：元

附表 3-5　应收账款清查明细表

项目	会计科目名称	记账凭证编号	记账凭证摘要	债务方单位（个人）名称	账面数	账面数按账龄划分		清查变动数	清查数	是否计提坏账准备	课题段代码	明细分类（预算会计转换时需对应）
						3年以内	3年（含）以上					
栏次	1	2	3	4	5	6	7	8	9	10	11	12
1	应收账款											发生时不计入预算收入
2												发生时计入预算收入（专项收入）
3												发生时计入预算收入（非专项收入）
4												
5												
6												
7												

注：清理包括 2018 年 12 月 31 日前未入账的应收账款

附表 3-6 预付账款清查明细表

填报单位： 单位：元

项目 行次 栏次	会计科目名称 1	记账凭证编号 2	记账凭证摘要 3	债务方单位（个人）名称 4	账面数 5	账面数按账龄划分		清查变动数 8	清查数 9	课题段代码 10	明细分类（预算会计转换时需对应）11
						3年以内 6	3年（含）以上 7				
1	预付账款—基建预付款										财政补助资金预付
2											非财政补助专项资金预付
3											非财政补助非专项资金预付
4											专用基金预付（其中：结余分配形成的资金预付）
5											专用基金预付（其中：收入及支出提取形成的资金预付）
6											

注：新的预付账款科目中包含了"预付账款—基建预付款"，注意从在建工程科目中区分出来

附表3-7 长期股权投资清查明细表

填报单位：
单位：元

项目 栏次	持股比例	投资单位名称	投资总额	清查数	核算类型	应收股利金额	备注
行次	1	2	3	4	5	6	7
1					成本法/权益法		
2							
3							
4							
5							
6							
7							
8							
9							

注：应判断是否有应收股利

单位：元

填报单位：

附表3-8　其他应收款清查明细表

项目 行次	会计科目名称	记账凭证编号	记账凭证摘要	债务方单位（个人）名称	账面数	账面数按账龄划分 3年以内	账面数按账龄划分 3年（含）以上	清查变动数	清查数	是否计提坏账准备	课题段代码	明细分类（预算会计转换时需对应）
栏次	1	2	3	4	5	6	7	8	9	10	11	12
举例 1	其他应收款		外汇借款 -11051200013	×××公司								支出类或收入类—对应财政补助资金
2												支出类或收入类—对应非财政补助专项资金
3												支出类或收入类—对应非财政补助非专项资金
4												支出类或收入类—对应专用基金（其中：结余分配形成的资金预付）
5												支出类或收入类—对应专用基金（其中：收入及支出提取形成的资金预付）

注：①要将未入账的其他应收款登记记查入账；②清查原账其他应收款中有无在途物品

附表3-9 库存材料、科技产品清查明细表

填报单位：   单位：元

项目\栏次	资产名称	类别	规格型号	计量单位	购置日期	账面数量	账面价值	清查数量	清查价值	损溢类型	课题段代码	明细分类（预算会计转换时需对应）
行次	1	2	3	4	5	6	7	8	9	10	11	12
举例	铂铱丝	材料	φ0.02毫米	克			1 310.10		1 310.10	盘盈/盘亏/毁损/待报废		使用财政补助资金购入
2												使用非财政补助专项资金购入
3												使用非财政补助非专项资金购入
4												使用专用基金购入（其中：结余分配形成的资金购入）
5												使用专用基金购入（其中：收入及支出提取形成的资金购入）
6												
7												

注：损溢类型为盘盈、盘亏、毁损、待报废，需要进行账务处理

附表3-10 固定资产清查明细表

填报单位：

单位：元

项目 栏次	行次	资产编号	资产名称	资产使用对象 业务类型	科目名称	取得日期	财务入账日期	账面数 原值	账面数 累计折旧	账面数 净值	清查数 原值	清查数 累计折旧	清查数 净值	损益类型	课题段代码
		1	2	3	4	5	6	7	8	9	10	11	12	13	14
举例	1		软化水设备	支撑活动	业务活动费用—支撑活动—固定资产折旧费—通用设备	2006-10-10		33 000.00	10 083.30	22 916.70				盘盈/盘亏/待报废	
	2														
	3														

注：（1）损益类型为盘盈、盘亏、待报废，需要进行账务处理；涉及数量的自行添加数量列

（2）资产使用对象业务类型的确定是关键，决定了折旧费用的科目分类

（3）折旧方法的规定：固定资产应按月计提折旧，当月增加的固定资产，当月开始计提折旧，当月减少的固定资产，当月不再计提折旧；提前报废的固定资产，也不再补提折旧。已提足折旧的固定资产，当月不再计提折旧

（4）固定资产提足折旧后，无论能否继续使用，均不再计提折旧。已提足折旧的固定资产，可以继续使用的，应当继续使用，规范实物管理

附表3-11 无形资产清查明细表

填报单位：　　　　　　　　　　　　　　　　　　　　　　　　　　　　　　　　　　　单位：元

项目 行次	资产编号	资产名称	使用部门对应科目	资产分类	计量单位	取得日期	财务入账日期	价值类型	账面数			清查数			损溢类型	课题段代码
									原值	累计摊销	净值	原值	累计摊销	净值		
栏次	1	2	3	4	5	6	7	8	9	10	11	12	13	14	15	16
举例 1	QCPY 20150 00073	土地		土地使用权	平方米	1985-10-25		名义金额							盘盈/盘亏/待核销	
2																
3																
4																
5																
6																

注：（1）损溢类型为盘盈、盘亏、待核销，需要进行账务处理。

（2）资产使用对象类型的确定是关键，决定了摊销费用的科目分类；涉及数量的自行添加数量列。

（3）摊销方法的规定：无形资产应按月进行摊销，当月增加的无形资产，当月开始进行摊销；当月减少的无形资产，当月不再进行摊销。

（4）无形资产已摊销完毕仍继续使用的无形资产和以名义金额计量的无形资产不再进行摊销。

附表3-12　待处理资产损溢清查明细表

填报单位：

单位：元

项目	行次	会计科目名称	记账凭证编号	记账凭证摘要	账面数	清查变动数	清查数	课题段代码	明细分类（预算会计转换时需对应）
栏次		1	2	3	4	5	6	7	8
举例	1	待处理资产损溢—流动资产			1 000.00	0.00	1 000.00		使用财政补助资金支付
	2	待处理资产损溢							使用非财政补助专项资金支付
	3								使用非财政补助非专项资金支付
	4								使用专用基金支付（其中：结余分配形成的资金支付）
	5								使用专用基金支付（其中：收入及支出提取形成的资金支付）
	6								
	7								

注：涉及数量的自行添加数量列

附表 3-13 应缴税费清查明细表

填报单位：

单位：元

项目	行次	会计科目名称	记账凭证编号	记账凭证摘要	账面数	清查变动数	清查数	课题段代码	明细分类（预算会计转换时需对应）
栏次		1	2	3	4	5	6	7	8
举例	1	应缴税费—应交增值税		12月应交增值税	1 000.00	0.00	1 000.00		非财政拨款专项资金应交
	2	应缴税费—应交其他税费							非财政拨款非专项资金应交
	3								
	4								
	5								
	6								
	7								

附表 3-14　应付职工薪酬清查明细表

填报单位：　　单位：元

项目	会计科目名称	记账凭证编号	记账凭证摘要	账面数	清查变动数	清查数	课题段代码	明细分类（预算会计转换时需对应）
栏次	1	2	3	4	5	6	7	8
举例 1			计提12月应付职工工资	500 000.00	0.00	500 000.00		发生时不计入预算支出
2								发生时计入预算支出（其中：财政补助资金应付）
3								发生时计入预算支出（其中：非财政补助专项资金应付）
4								发生时计入预算支出（其中：非财政补助非专项资金应付）
5								
6								
7								

附表 3-15　应付票据清查明细表

填报单位：

单位：元

项目	行次	会计科目名称	记账凭证编号	记账凭证摘要	债权方单位（个人）名称	账面数	清查变动数	清查数	课题段代码	明细分类（预算会计转换时需对应）
栏次		1	2	3	4	5	6	7	8	9
举例	1			购置耗材		100 000.00	0.00	100 000.00		发生时不计入预算支出
	2									发生时计入预算支出（其中：财政补助资金应付）
	3									发生时计入预算支出（其中：非财政补助专项资金应付）
	4									发生时计入预算支出（其中：非财政补助非专项资金应付）
	5									
	6									
	7									

填报单位：

单位：元

附表3-16 应付账款清查明细表

项目	会计科目名称	记账凭证编号	记账凭证摘要	债权方单位（个人）名称	账面数	清查变动数	清查数	课题段代码	明细分类（预算会计转换时需对应）
栏次	1	2	3	4	5	6	7	8	9
举例 1			维修改造		1 276.00	0.00	1 276.00		发生时不计入预算支出
2									发生时计入预算支出（其中：财政补助资金应付）
3									发生时计入预算支出（其中：非财政补助专项资金应付）
4									发生时计入预算支出（其中：非财政补助非专项资金应付）
5									
6									
7									

附表 3-17 预收账款清查明细表

填报单位:

单位:元

项目	行次	会计科目名称	记账凭证编号	记账凭证摘要	债权方单位（个人）名称	账面数	清查变动数	清查数	课题段代码	明细分类（预算会计转换时需对应）
栏次		1	2	3	4	5	6	7	8	9
举例	1		基金委	基金委拨款余额	基金委	100 000.00	0.00	100 000.00		预收专项资金
	2		某医院	委托加工费	某医院	3 000.00	0.00	3 000.00		预收非专项资金
	3									
	4									
	5									
	6									
	7									

注：注意长期挂账的预收账款清理（结余清理）

附表 3-18 其他应付款清查明细表

填报单位： 单位：元

项目 行次	会计科目名称	记账凭证编号	记账凭证摘要	债权方单位（个人）名称	账面数	清查变动数	清查数	课题段代码	明细分类（预算会计转换时需对应）
栏次	1	2	3	4	5	6	7	8	9
举例 1			门禁卡押金		15 335.00	0.00	15 335.00	门禁卡押金	
2									发生时计入预算支出—财政补助资金应付
3									发生时计入预算支出—非财政补助专项资金应付
4									发生时计入预算支出—非财政补助非专项资金应付
5									收入类（待确认的收入）
6									周转类（如收取的押金、保证金等）
7									受托代理负债

附表3-19　短期借款、长期借款清查明细表

填报单位：

单位：元

项目 栏次	记账凭证编号	债权方单位（个人）名称	款项性质	借入日期	到期日	年利率	账面数		清查长期借款应付利息数
							人民币	外币金额	
行次	1	2	3	4	5	6	7	8	9
1									
2									
3									
4									
5									
6									
7									
8									

注：注意补记长期借款的应付利息金额

单位：元

附表3-20 长期应付款清查明细表

填报单位：

项目	栏次	会计科目名称	记账凭证编号	记账凭证摘要	债权方单位（个人）名称	账面数	清查变动数	清查数	课题段代码	明细分类（预算会计转换时需对应）
	栏次	1	2	3	4	5	6	7	8	9
举例	1			融资租入某设备应付款		20 000.00	0.00			发生时不计入预算支出
	2									发生时计入预算支出（其中：财政补助资金应付）
	3									发生时计入预算支出（其中：非财政补助专项资金应付）
	4									发生时计入预算支出（其中：非财政补助非专项资金应付）
	5									
	6									
	7									
	8									

附表 3-21 财政补助结转、结余清查明细表

填报单位：

单位：元

项目	会计科目名称	账面数	清查变动数	清查数	课题段代码
栏次	1	2	3	4	5
1					
2					
3					
4					
5					
6					
7					

附表 3-22 非财政补助结转清查明细表

填报单位：

单位：元

项目	会计科目名称	账面数	清查变动数	清查数	课题段代码
栏次	1	2	3	4	5
1					
2					
3					
4					
5					
6					
7					

附表3-23 事业基金清查明细表

填报单位：

单位：元

项目	行次	会计科目名称	账面数	清查变动数	清查数	课题段代码
栏次		1	2	3	4	5
	1					
	2					
	3					
	4					
	5					
	6					
	7					

附表3-24 专用基金清查明细表

填报单位：

单位：元

项目	行次	会计科目名称	账面数	清查变动数	清查数	课题段代码	预算会计转换对应
栏次		1	2	3	4	5	6
举例	1	职工福利基金	1 200 000.00	0.00	1 200 000.00		结余分配形成
	2	职工福利基金	800 000.00	0.00	800 000.00		收入及费用提取形成
	3	原修购基金	2 000 000.00	0.00	2 000 000.00		收入及费用提取形成
	4						
	5						
	6						
	7						

附表 3-25 经营结余清查明细表

填报单位:

单位: 元

项目	行次	会计科目名称	账面数	清查变动数	清查数	课题段代码
栏次		1	2	3	4	5
	1					
	2					
	3					
	4					
	5					
	6					
	7					

附表3-26 基建账套切换明细表

填报单位：

单位：元

原制度科目编码	原制度会计科目	余额	新制度科目编码	新制度会计科目	余额	切换准备注意事项
1511	在建工程		1611	工程物资		新增！原账"在建工程"科目中属于工程物资的金额，转入"工程物资"
			161101	工程物资—库存材料		
			161102	工程物资—库存设备		
1511	在建工程		161301	在建工程—研制设备		
			161302	在建工程—安装设备		
			161303	在建工程—无形资产		
			161304	在建工程—基建工程		
15110401	在建工程—基建工程—建筑安装工程投资		16130401	在建工程—基建工程—建筑安装工程投资		
15110402	在建工程—基建工程—设备投资		16130402	在建工程—基建工程—设备投资		
15110403	在建工程—基建工程—待摊投资		16130403	在建工程—基建工程—待摊投资		
			1613040301	在建工程—基建工程—待摊投资—建设单位管理费		新增！

续表

原制度科目编码	原制度会计科目	余额	新制度科目编码	新制度会计科目	余额	切换准备注意事项
			1613040302	在建工程—基建工程—待摊投资—土地征用及迁移补偿费		新增！
			1613040303	在建工程—基建工程—待摊投资—土地复垦及补偿费		新增！
			1613040304	在建工程—基建工程—待摊投资—勘察设计费		新增！
			1613040305	在建工程—基建工程—待摊投资—研究实验费		新增！
			1613040306	在建工程—基建工程—待摊投资—可行性研究费		新增！
			1613040307	在建工程—基建工程—待摊投资—临时设施费		新增！
			1613040308	在建工程—基建工程—待摊投资—设备检验费		新增！
			1613040309	在建工程—基建工程—待摊投资—负荷联合试车费		新增！
			1613040310	在建工程—基建工程—待摊投资—合同公证费及质量监测费		新增！
			1613040311	在建工程—基建工程—待摊投资—（贷款）项目评估费		新增！
			1613040312	在建工程—基建工程—待摊投资—国外借款手续费及承诺费		新增！
			1613040313	在建工程—基建工程—待摊投资—社会中介机构审计（查）费		新增！
			1613040314	在建工程—基建工程—待摊投资—招投标费		新增！
			1613040315	在建工程—基建工程—待摊投资—经济合同仲裁费		新增！
			1613040316	在建工程—基建工程—待摊投资—诉讼费		新增！
			1613040317	在建工程—基建工程—待摊投资—律师代理费		新增！

续表

原制度科目编码	原制度会计科目	余额	新制度科目编码	新制度会计科目	余额	切换准备注意事项
			1613040318	在建工程—基建工程—待摊投资—土地使用费		新增！
			1613040319	在建工程—基建工程—待摊投资—耕地占用税		新增！
			1613040320	在建工程—基建工程—待摊投资—车船使用税		新增！
			1613040321	在建工程—基建工程—待摊投资—汇兑损益		新增！
			1613040322	在建工程—基建工程—待摊投资—报废工程损失		新增！
			1613040323	在建工程—基建工程—待摊投资—坏账损失		新增！
			1613040324	在建工程—基建工程—待摊投资—借款利息		新增！
			1613040325	在建工程—基建工程—待摊投资—减：财政贴息资金		新增！
			1613040326	在建工程—基建工程—待摊投资—减：存款利息收入		新增！
			1613040327	在建工程—基建工程—待摊投资—固定资产损失		新增！
			1613040328	在建工程—基建工程—待摊投资—器材处理亏损		新增！
			1613040329	在建工程—基建工程—待摊投资—设备盘亏及毁损		新增！
			1613040330	在建工程—基建工程—待摊投资—调整器材调拨价格折价		新增！
			1613040331	在建工程—基建工程—待摊投资—企业债券发行费用		新增！
			1613040332	在建工程—基建工程—待摊投资—航道维护费		新增！
			1613040333	在建工程—基建工程—待摊投资—航标设施费		新增！
			1613040334	在建工程—基建工程—待摊投资—航测费		新增！
			1613040335	在建工程—基建工程—待摊投资—其他待摊投资		新增！

续表

原制度科目编码	原制度会计科目	余额	新制度科目编码	新制度会计科目	余额	切换准备注意事项
			16130404	在建工程—基建工程—其他投资		新增！
			16130405	在建工程—基建工程—待核销基建支出		新增！
			16130406	在建工程—基建工程—基建转出投资		新增！
15110405	在建工程—基建工程—预付工程款		121408	预付账款—基建预付款		新增！
200101	短期借款—基建工程借款		200101	短期借款—基建工程借款		
230524	其他应付款—基建工程		230515	其他应付款—基建工程		
240101	长期借款—基建工程借款		250101	长期借款—基建工程借款		
			230401	应付利息—在建工程借款利息		新增！

注：单位对基本建设投资应当按照本制度规定统一进行会计核算，不再单独建账，但是应当按项目单独核算，并保证项目资料完整

附表3-27 科学事业单位原会计科目与预算会计科目衔接表

编制单位： 单位：元

科目类别	科目编码	会计科目	原账科目余额	明细分类及说明	分类明细金额	调整及结转分录（以下科目借贷方，应根据业务的具体情况判断） 预算会计结转结余类科目	资金结存科目	按衔接规定调整及结转金额	调整后原账余额	调整后原账余额说明
	1001	库存现金								调整后余额等于原科目余额
	1002	银行存款								调整后余额等于原科目余额
	1011	零余额账户用款额度								调整后余额等于原科目余额
	1101	短期投资		原账余额（现金资产投资）		借：8202 非财政拨款结余余（累计结余）	贷：8001 资金结存 资金结存			调整后原账余额一般为 0
	1201	财政应返还额度								调整后余额等于原科目余额
资产类	1211	应收票据		发生时不计入资产让转财政款等）发生时计入预算收入 其中：专项收入		借：8201 非财政拨款结转（累计结转）	贷：8001 资金结存 资金结存			调整后原账余额为：发生时不计入资产让转财政款，如发生不计入资产让转财政款的应收票据，应收账款（需上缴财政款）
				非专项收入		借：8202 非财政拨款结余余（累计结余）	贷：8001 资金结存 资金结存			

续表

科目类别	科目编码	会计科目	原账科目余额	明细分类及说明	分类明细金额	调整及结转分录（以下科目借贷方，应根据业务的具体情况判断）		按衔接规定调整及结转金额	调整后原账余额	调整后原账余额说明
						预算会计结转结余类科目	资金结存科目			
资产类	1212	应收账款		发生时不计入预算收入（如转让资产需上缴财政款等）						
				发生时计入预算收入						
				其中：专项收入		借：8201 非财政拨款结转（累计结转）	贷：8001 资金结存			
				非专项收入		借：8202 非财政拨款结余（累计结余）	贷：8001 资金结存			
	1213	预付账款		财政补助资金预付		借：8101 财政拨款结转（累计结转）	贷：8001 资金结存			调整后原账余额一般为 0
				非财政补助专项资金预付		借：8201 非财政拨款结转（累计结转）	贷：8001 资金结存			
				非财政补助非专项资金预付		借：8202 非财政拨款结余（累计结余）	贷：8001 资金结存			

续表

科目类别	科目编码	会计科目	原账科目余额	明细分类及说明	分类明细金额	调整及结转分录（应根据业务的具体情况判断）（以下科目借贷方 预算会计结转结余类科目	资金结存科目	按衔接规定调整及结转金额	调整后原账余额	调整后原账余额说明
	1213	预付账款		专用基金预付						
				其中：结余分配形成的资金预付		借：8301专用结余（福利基金、成果转化基金）	贷：8001资金结存			
				收入及支出提取形成的资金预付		借：8202非财政拨款结余（累计结余）	贷：8001资金结存			
				支出类（如职工预借的差旅费等）及收入类（确认应收时确认了收入）						
资产类	1215	其他应收款		其中：对应财政补助		借：8101财政拨款结转（累计结转）	贷：8001资金结存			调整后原账余额为：周转金、应收如支付的押金、应收职工垫付的款项等
				对应非财政补助专项资金		借：8201非财政拨款结转（累计结转）	贷：8001资金结存			
				对应非财政补助非专项资金		借：8202非财政拨款结余（累计结余）	贷：8001资金结存			
				对应专用基金						

续表

科目类别	科目编码	会计科目	原账科目余额	明细分类及说明	分类明细金额	调整及结转分录，应根据业务的具体情况判断（以下科目借贷方，应根据业务的具体情况判断）		按衔接规定调整及结转金额	调整后原账余额	调整后原账余额说明
						预算会计结转结余类科目	资金结存科目			
	1215	其他应收款		其中：结余分配形成的资金预付		借：8301专用结余（福利基金、成果转化基金）	贷：8001资金结存			
				收入及支出提取形成的资金预付		借：8202非财政拨款结余（累计结余）	贷：8001资金结存			
				周转类（如支付的押金、为职工垫付的款项等）						
资产类	1301	库存材料		支付资金的库存材料						调整后原账余额为：未支付资金的存货，如受托代理资产、承担负债方式（应付票据、应付账款等）取得的存货；其他会计代理存货而受托代理资产时含对方资产处理方法处理
				其中：使用财政补助资金购入		借：8101财政拨款结转（累计结转）	贷：8001资金结存			
				使用非财政补助专项资金购入		借：8201非财政拨款结转（累计结转）	贷：8001资金结存			
				使用非财政补助非专项资金购入		借：8202非财政拨款结余（累计结余）	贷：8001资金结存			
				使用专用基金购入						

续表

科目类别	科目编码	会计科目	原账科目余额	明细分类及说明	分类明细金额	调整及结转分录（以下科目借贷方，应根据业务的具体情况判断）		按衔接规定调整及结转金额	调整后原账余额	调整后原账余额说明
						预算会计结转结余类科目	资金结存科目			
资产类	1301	库存材料		其中：结余分配形成的资金购入		借：8301专用结余（福利基金、成果转化基金）	贷：8001资金结存			
				收入及支出提取形成的资金购入		借：8202非财政拨款结余（累计结余）	贷：8001资金结存			
				未支付资金库存材料						
				其中：已形成收入（如无偿调入、接受捐赠等）		借：8202非财政拨款结余（累计结余）	贷：8001资金结存			
				其他						
	1302	科技产品		支付资金的科技产品						
				其中：使用财政补助资金支付		借：8101财政拨款结转（累计结转）	贷：8001资金结存			
				使用非财政补助专项资金支付		借：8201非财政拨款结转（累计结转）	贷：8001资金结存			

续表

科目类别	科目编码	会计科目	原账科目余额	明细分类及说明	分类明细金额	调整及结转分录，应根据业务的具体情况判断（以下科目借贷方）		按衔接规定调整及结转金额	调整后原账余额	调整后原账余额说明
						预算会计结转科目	资金结存科目			
	1302	科技产品		使用非财政补助非专项资金支付		借：8202 非财政拨款结余（累计结余）	贷：8001 资金结存			
				使用专用基金支付 其中：结余分配形成的资金		借：8301 专用结余（福利基金、成果转化基金）	贷：8001 资金结存			
				收入及支出提取形成的资金		借：8202 非财政拨款结余（累计结余）	贷：8001 资金结存			
				未支付资金科技产品 其他 其中：已形成收入（如无偿调入、接受捐赠的科技产品等）		借：8202 非财政拨款结余（累计结余）	贷：8001 资金结存			
资产类	1401	长期投资		原制度平行记账，一般与"非流动资产基金一长期投资"金额一致						与净资产类抵消为0
	1501	固定资产		"非流动资产基金一固定资产"金额一致；若不一致，加"长期应付款"等						与净资产类抵消为0
	1502	累计折旧								与净资产类抵消为0
	1511	在建工程								与净资产类抵消为0

续表

科目类别	科目编码	会计科目	原账科目余额	明细分类及说明	分类明细金额	调整及结转分录(以下科目借贷方,应根据业务的具体情况判断)		按衔接规定调整及结转金额	调整后原账余额	调整后原账余额说明
						预算会计结转类科目	资金结存科目			
	1601	无形资产		科目后应相同(如融资租赁的固定资产)						与净资产类抵消为0
	1602	累计摊销		说明:现金资产投资不应调整,原账已调整了"事业基金",等同已列支而平行记账						与净资产类抵消为0
资产类	1701	待处置资产损溢		处置资产价值—流动资产						本科目年末一般应无余额,资产价值参照原资产属性调整;资产处置过程损益,由于尚未完成最终处置过程,按新制度要求不做衔接处理
				其中:使用财政补助资金支付		借:8101财政拨款结转(累计结转)	贷:8001资金结存			
				使用非财政补助专项资金支付		借:8201非财政拨款结转(累计结转)	贷:8001资金结存			
				使用非财政补助非专项资金支付		借:8202非财政拨款结余(累计结余)	贷:8001资金结存			
				使用专用基金支付						

续表

科目类别	科目编码	会计科目	原账科目余额	明细分类及说明	分类明细金额	调整及结转分录，应根据业务的具体情况判断（以下科目）		按衔接规定调整及结转金额	调整后原账余额	调整后原账余额说明
						预算会计结转结余类科目	资金结存科目			
资产类	1701	待处置资产损溢		其中：结余分配形成的资金支付		借：8301专用结余（福利基金、成果转化基金）	贷：8001资金结存			
				收入及支出提取形成的资金支付		借：8202非财政拨款结余结存（累计结余）	贷：8001资金结存			
				未支付资金						
				其中：已形成收入（如无偿调入、接受捐赠的库存材料等）		借：8202非财政拨款结余结存（累计结余）	贷：8001资金结存			
				其他						
				处置资产价值-非流动资产						
				处置过程净损益（借方数列示，贷方余额负数列示）						
负债类	2001	短期借款		原账余额						调整后原账余额一般为0
	2101	应缴税费		应交增值税（根据借贷方余额确定分录，下同）		贷：8202非财政拨款结余结存（累计结余）	借：8001资金结存			调整后原账余额一般为0

续表

科目类别	科目编码	会计科目	原账科目余额	明细分类及说明	分类明细金额	调整及结转分录（以下科目借贷方，应根据业务的具体情况判断）		按衔接规定调整及结转金额	调整后原账余额	调整后原账余额说明
						预算会计结余类科目	资金结存科目			
负债类	2101	应缴税费		其中：非财政拨款专项资金应交		贷：8201 非财政拨款专项资金结转（累计结转）	借：8001 资金结存			
				非财政拨款非专项资金应交		贷：8202 非财政拨款非专项资金结余（累计结余）	借：8001 资金结存			
				应交其他税费						
				其中：财政拨款应交		贷：8101 财政拨款结转（累计结转）	借：8001 资金结存			
				非财政拨款专项资金应交		贷：8201 非财政拨款专项资金结转（累计结转）	借：8001 资金结存			
				非财政拨款非专项资金应交		贷：8202 非财政拨款非专项资金结余（累计结余）	借：8001 资金结存			
	2102	应缴国库款								调整后余额等于原科目余额
	2103	应缴财政专户款								调整后余额等于原科目余额

续表

科目类别	科目编码	会计科目	原账科目余额	明细分类及说明	分类明细金额	调整及结转分录（以下科目借贷方，应根据业务的具体情况判断）		按衔接规定调整及结转金额	调整后原账余额	调整后原账余额说明
						预算会计结转结余类科目	资金结存科目			
负债类	2201	应付职工薪酬		发生时不计入预算支出						
				发生时计入预算支出						
				其中：财政补助资金应付		贷：8101财政拨款结转（累计结转）	借：8001资金结存			调整后原账余额为：承担负债方式取得的存货
				非财政补助专项资金应付		贷：8201非财政拨款结转（累计结转）	借：8001资金结存			
				非财政补助非专项资金应付		贷：8202非财政拨款结余（累计结余）	借：8001资金结存			
	2301	应付票据		发生时不计入预算支出						
				发生时计入预算支出						
				其中：财政补助资金应付		贷：8101财政拨款结转（累计结转）	借：8001资金结存			调整后原账余额为：承担负债方式取得的存货
				非财政补助专项资金应付		贷：8201非财政拨款结转（累计结转）	借：8001资金结存			

续表

科目类别	科目编码	会计科目	原账科目余额	明细分类及说明	分类明细金额	调整及结转分录（以下科目借贷方，应根据业务的具体情况判断）		按衔接规定调整及结转金额	调整后原账余额	调整后原账余额说明
						调整预算会计结余类科目	资金结存科目			
负债类	2301	应付票据		非财政补助非专项资金应付		贷：8202财政结余（累计结转）	借：8001资金结存			调整后原账余额为：承担负债方式取得的存货
	2302	应付账款		发生时不计入预算支出						
				发生时计入预算支出						
				其中：财政补助资金应付		贷：8101财政拨款结转（累计结转）	借：8001资金结存			
				非财政补助专项资金应付		贷：8201非财政拨款结余（累计结转）	借：8001资金结存			
				非财政补助非专项资金应付		贷：8202财政结余（累计结转）	借：8001资金结存			
	2303	预收账款		预收专项资金		贷：8201非财政拨款结余（累计结转）	借：8001资金结存			调整后账余额一般为0
				预收非专项资金		贷：8202财政结余（累计结转）	借：8001资金结存			

续表

科目类别	科目编码	会计科目	原账科目余额	明细分类及说明	分类明细金额	调整及结转分录，应根据业务的具体情况判断（以下科目借贷方）		按衔接规定调整及结转金额	调整后原账余额	调整后原账余额说明
						预算会计结转结余类科目	资金结存科目			
	2305	其他应付款		支出类						调整后原账余额为：待确认的收入；周转类如收取的押金、保证金等；受托代理负债
				其中：财政补助专项资金应付		贷：8101 财政拨款结转（累计结转）	借：8001 资金结存			
				非财政补助专项资金应付		贷：8201 非财政拨款结转（累计结转）	借：8001 资金结存			
				非财政补助非专项资金应付		贷：8202 非财政拨款结余（累计结余）	借：8001 资金结存			
				收入类（待确认的收入）						
				周转类（如收取的押金、保证金等）						
负债类				受托代理负债						
	2401	长期借款		原账余额		贷：8202 非财政拨款结余（累计结余）	借：8001 资金结存			调整后原账余额一般为0
	2402	长期应付款		发生时不计入预算支出（如融资租赁的固定资产）						调整后原账余额一般为0，若有未支出的金额，如融资租赁的固定资产，余额加"非流动资产"
				发生时计入预算支出						

续表

科目类别	科目编码	会计科目	原账科目余额	明细分类及说明	分类明细金额	调整及结转分录（以下科目借贷方，应根据业务的具体情况判断）		按衔接规定调整及结转金额	调整后原账余额	调整后原账账余额说明
						预算会计结转结余类科目	资金结存科目			
负债类	2402	长期应付款		其中：财政补助资金应付		贷：8101财政拨款结转（累计结转）	借：8001资金结存			"产基金—固定资产"等于资产类相关科目，相互抵消为0
				非财政补助专项资金应付		贷：8201非财政拨款结转（累计结转）	借：8001资金结存			
				非财政补助非专项资金应付		贷：8202非财政拨款结余（累计结余）	借：8001资金结存			
净资产类	3001	事业基金		结转至"非财政拨款结余"		贷：8202非财政拨款结余（累计结余）	借：8001资金结存			原账余额为0
	3101	非流动资产基金		原制度平行记账，一般与资产类相应科目额一致；若不一致，加"长期应付款"等科目后应相同（如融资租赁资产）						与资产类抵消为0
	310101	长期投资								与资产类抵消为0
	310102	固定资产								与资产类抵消为0
	310103	在建工程								与资产类抵消为0

续表

科目类别	科目编码	会计科目	原账科目余额	明细分类及说明	分类明细金额	调整及结转分录（以下科目借贷方，应根据业务的具体情况判断）		按衔接规定调整及结转金额	调整后原账余额	调整后原账账余额说明
						预算会计类科目（结余类科目）	资金结存科目			
净资产类	310104	无形资产								与资产类抵消为0
	3201	专用基金		结余分配形成		贷：8301专用结余（福利基金、成果转化基金）	借：8001资金结存			结转至"专用结余""非财政拨款结余"，原账余额为0
				收入及费用提取形成		贷：8202非财政拨款结余（累计结余）	借：8001资金结存			原账余额为0
	3301	财政补助结转		结转至"财政拨款结转"		贷：8101财政拨款结转（累计结转）	借：8001资金结存			原账余额为0
	3302	财政补助结余		结转至"财政拨款结余"		贷：8102财政拨款结余（累计结余）	借：8001资金结存			原账余额为0
	3401	非财政补助结转		结转至"非财政拨款结转"		贷：8201非财政拨款结转（累计结转）	借：8001资金结存			原账余额为0
	3402	事业结余								原账余额为0
	3403	经营结余		借方余额转"经营结余"		借：8401经营结余	贷：8001资金结存			原账余额为0

续表

科目类别	科目编码	会计科目	原账科目余额	明细分类及说明	分类明细金额	调整及结转分录,应根据业务的具体情况判断(以下科目借贷方)		按衔接规定调整结转金额	调整后原账余额	调整后原账余额说明
						预算会计结转结余类科目	资金结存科目			
净资产类	3404	非财政补助结余分配								原账余额为0
合计							计算:调整后资金结存存借贷方余额	计算:调整后资金结存存借贷方余额	计算:调整后原账(资产类-负债类-净资产类)余额	

填报说明:

(1) 各单位应根据原账会计科目余额所涉及的具体经济业务情况,认真分析及细化分类;资产、负债类科目中凡涉及原账"专用基金"来源的,需分析具体情况逐项考虑对衔接后"非财政收支款结余"及"专用结余"的影响;填报原账各科目余额,应与2018年度决算报表相应科目余额数保持一致

(2) "原账科目余额列"填报原账各科目余额,应与2018年度决算报表相应科目余额数保持一致

(3) "分类明细金额列"填报需按差异分析分类至相应科目,任何明细科目分类的合计金额,相应金额应等于原账明细科目余额总额严格保持一致

(4) "按衔接规定调整及结转分录填报金额列"填报需进行预算会计衔接的金额,相应金额应等于原账明细分类明细金额列的对应数据(衔接的内容应一致)

(5) "调整后原账余额列"填报无须进行预算会计衔接的金额,相应金额应等于原账明细分类明细金额列的对应数据(由于原账货币资金类通过其对应的事项内容进行衔接,本表中全部均应按留原账处理)

(6) 调整后的预算会计结转结余存借贷方余额=调整后原账余额(资产类-负债类-净资产类)余额(平衡校验)

附表 3-28　"8101 财政拨款结转"科目余额汇总表

单位：元

借方			贷方			借贷方余额
科目	分析	余额	科目	分析	余额	
预付账款	财政补助资金预付		应缴税费	财政拨款应交		
其他应收款	对应财政补助		应付职工薪酬	财政补助资金应付		
库存材料	使用财政补助资金购入		应付票据	财政补助资金应付		
科技产品	使用财政补助资金支付		应付账款	财政补助资金应付		
待处置资产损溢	使用财政补助资金支付		其他应付款	财政补助资金应付		
			长期应付款	财政补助资金应付		
			财政补助结转	结转至"财政拨款结转"		
合计			合计			

注：反映原账科目分类明细对本项结存的影响，各项金额应与附表 3-27 中对应内容一致。

附表 3-29　"8102 财政拨款结余"科目余额汇总表

单位：元

借方			贷方			借贷方余额
科目	分析	余额	科目	分析	余额	
			财政补助结余	结转至"财政拨款结余"		
合计			合计			

注：反映原账科目分类明细对本项结存的影响，各项金额应与附表 3-27 中对应内容一致。

附表3-30 "8201 非财政拨款结转"科目余额汇总表

单位：元

借方			贷方			借贷方余额
科目	分析	余额	科目	分析	余额	
应收票据	专项收入		应缴税费	非财政拨款-专项资金应交		
应收账款	专项收入		应缴税费	非财政拨款专项资金应交		
预付账款	非财政补助专项资金预付		应付职工薪酬	非财政补助专项资金应付		
其他应收款	对应非财政补助专项资金		应付票据	非财政补助专项资金应付		
库存材料	使用非财政补助专项资金购入		应付账款	非财政补助专项资金应付		
科技产品	使用非财政补助专项资金支付		预收账款	预收专项资金		
待处置资产损溢	使用非财政补助专项资金支付		其他应付款	非财政补助专项资金应付		
			长期应付款	非财政补助专项资金应付		
			非财政补助结转	结转至"非财政拨款结转"		
合计			合计			

注：反映原账科目分类明细对本项结存的影响，各项金额应与附表3-27中对应内容一致

附表 3-31　"8202 非财政拨款结余" 科目余额汇总表

单位：元

借方			贷方			借贷方余额
科目	分析	余额	科目	分析	余额	
短期投资	原账余额（现金资产投资）		短期借款	原账余额		
应收票据	非专项收入		应缴税费	非财政拨款非专项资金应交		
应收账款	非专项收入		应缴税费	非财政拨款非专项资金应交		
预付账款	非财政补助非专项资金预付		应付职工薪酬	非财政补助非专项资金应付		
预付账款	收入及支出提取形成的资金预付		应付票据	非财政补助非专项资金应付		
其他应收款	对应非财政补助非专项资金		应付账款	非财政补助非专项资金应付		
其他应收款	收入及支出提取形成非专项资金预付		预收账款	预收非专项资金		
库存材料	使用非财政补助非专项资金购入		其他应付款	非财政补助非专项资金应付		
库存材料	收入及支出提取形成的资金购入		长期借款	原账余额		
库存材料	已形成收入（如无偿调入、接受捐赠的库存材料等）		长期应付款	非财政补助非专项资金应付		
科技产品	使用非财政补助非专项资金支付		事业基金	结转至"非财政拨款结余"		
科技产品	收入及支出提取形成的资金支付		专用基金	收入及费用提取形成		
科技产品	已形成收入（如无偿调入、接受捐赠的科技产品等）					
待处置资产损溢	使用非财政补助非专项资金支付					
待处置资产损溢	收入及支出提取形成的资金支付					
待处置资产损溢	已形成收入（如无偿调入、接受捐赠的库存材料等）					
合计			合计			

注：反映原账原科目分类明细对本项结存的影响，各项金额应与附表 3-27 中对应内容一致。

附表 3-32　"8301 专用结余" 科目余额汇总表

单位：元

借方			贷方			借贷方余额
科目	分析	余额	科目	分析	余额	
预付账款	结余分配形成的资金预付		专用基金	结余分配形成		
其他应收款	结余分配形成的资金预付					
库存材料	结余分配形成的资金购入					
科技产品	结余分配形成的资金支付					
待处置资产损溢	结余分配形成的资金支付					
合计			合计			

注：反映原账原科目分类明细对本项结存的影响，各项金额应与附表 3-27 中对应内容一致

附表 3-33　"8401 经营结余" 科目余额汇总表

单位：元

借方			贷方			借贷方余额
科目	分析	余额	科目	分析	余额	
经营结余	借方余额转 "经营结余"					
合计			合计			

注：反映原账原科目分类明细对本项结存的影响，各项金额应与附表 3-27 中对应内容一致

附表 3-34　新账预算结余类科目余额汇总表

单位：元

科目名称	余额	备注
8001 资金结存（各明细科目）		等于附表 2-1 中 "资金结存科目" 列（借方－贷方）金额
8101 财政拨款结转		等于附表 2-2 中调整后预算会计科目余额
8102 财政拨款结余		等于附表 2-3 中调整后预算会计科目余额
8201 非财政拨款结转		等于附表 2-4 中调整后预算会计科目余额
8202 非财政拨款结余		等于附表 2-5 中调整后预算会计科目余额
8301 专用结余		等于附表 2-6 中调整后预算会计科目余额
8401 经营结余		等于附表 2-7 中调整后预算会计科目余额
平衡校验：	校验通过	"资金结存" ＝ "各专项结存合计数"

注：根据附表 3-27 至附表 3-33 中衔接至预算会计各科目余额登记

附表3-35　原账不涉及预算及预算会计核算（衔接）的科目对应的货币资金

单位：元

科目编码	会计科目	明细分类及说明	分类明细金额	备注
1211	应收票据	发生时不计入预算收入（如转让资产需上缴财政款等）		
1212	应收账款	发生时不计入预算收入（如转让资产需上缴财政款等）		
1215	其他应收款	周转类（如支付的押金、为职工垫付的款项等）		
1301	库存材料	未支付资金且未对应计入收入		
1302	科技产品	未支付资金且未对应计入收入		
1401	长期投资	原制度平行记账，一般与"非流动资产基金—固定资产"金额一致；若不一致，加"长期应付款"等科目后应相同（如融资租赁的固定资产），为便于直观计算，建议与净资产类抵消为0		对应非流动资产基金及长期负债类
1501	固定资产			
1502	累计折旧			
1511	在建工程	说明：现金资产投资不应调整，原账已调整了"事业基金"，等同已列支而平行记账		
1601	无形资产			
1602	累计摊销			
1701	待处置资产损溢	处置资产未支付资金且未对应计入收入		
1701	待处置资产损溢	处置资产价值—非流动资产		对应非流动资产基金及长期负债类
1701	待处置资产损溢	处置过程净损益（借方余额正数列示，贷方余额负数列示）		
2102	应缴国库款			
2103	应缴财政专户款			
2201	应付职工薪酬	发生时不计入预算支出		
2301	应付票据	发生时不计入预算支出		
2302	应付账款	发生时不计入预算支出		
2305	其他应付款	收入类（待确认的收入）		

续表

科目编码	会计科目	明细分类及说明	分类明细金额	备注
2305	其他应付款	周转类（如收取的押金、保证金等）		
2305	其他应付款	受托代理负债		
2402	长期应付款	发生时不计入预算支出（如融资租赁的固定资产）		
310101	非流动资产基金—长期投资	原制度平行记账，一般与资产类相应科目的净值金额一致；		对应非流动资产类
310102	非流动资产基金—固定资产	若不一致，加"长期应付款"等科目后应相同（如融资租赁		
310103	非流动资产基金—在建工程	的固定资产），为便于直观计算，建议与净资产类抵消为0		
310104	非流动资产基金—无形资产			
	留存原账货币资金额			

第四章 科学事业单位预算会计衔接案例

根据原账编制2018年12月31日的科目余额表，按照科学事业单位执行《政府会计制度》的衔接规定，遵循预算会计核算的要求，对原账各会计科目余额进行分析，衔接新账预算会计结余类科目如下。

一、原账"库存现金"、"银行存款"、"其他货币资金"和"财政应返还额度"科目的预算会计衔接

（一）具体衔接规定

资金类科目通过资金对应内容分析转账的方式进行衔接处理，不直接与预算会计"资金结存"科目衔接。衔接完成后，原账"库存现金"、"银行存款"、"其他货币资金"和"财政应返还额度"在扣除不应纳入预算会计核算（无须衔接）的因素后应与预算会计"资金结存"科目下设的"货币资金""财政应返还额度"明细项分别核对一致。

（二）衔接案例业务分析

通过对应内容进行衔接处理。

（三）衔接案例会计分录

通过对应内容进行衔接处理。

二、原账"短期投资"科目的预算会计衔接

（一）具体衔接规定

应当按照原账的"短期投资"科目余额，借记"非财政拨款结余"科目，贷记"资金结存"科目。对以非货币资金形式取得短期投资的，不做衔接处理。

（二）衔接案例业务分析

2018年末，本科目账面余额100万元，经分析取得方式，全部是以货币资金形式购买的国库债券。

（三）衔接案例会计分录

借：8202 非财政拨款结余（累计结余）　　　　　　100
　　贷：8001 资金结存（明细科目）　　　　　　　　100

三、原账"应收票据"科目的预算会计衔接

（一）具体衔接规定

应当对原账的"应收票据"科目余额进行分析，区分其中发生时对应计入预算收入的金额和没有计入预算收入的金额。对发生时计入预算收入的金额，再区分计入专项资金收入的金额和计入非专项资金收入的金额，按照相对应的金额分别借记"非财政拨款结转"和"非财政拨款

结余"科目，贷记"资金结存"科目。对发生时没有计入预算收入的金额（如转让资产需上缴财政款等），不做衔接处理。

（二）衔接案例业务分析

2018年末，本科目账面余额200万元，对发生时相对应的业务内容分析如下：①因处置固定资产取得应收票据50万元，按政策需上缴财政；②因提供服务取得应收票据50万元，对应确认的收入需按专项管理；③因经营活动销售商品取得的应收票据100万元，对应确认的收入无须按专项管理。

（三）衔接案例会计分录

借：8201 非财政拨款结转（累计结转）　　　　　 50

　　8202 非财政拨款结余（累计结余）　　　　 100

　　贷：8001 资金结存（明细科目）　　　　　　　 150

注：处置固定资产50万元需上缴财政，相关业务不做衔接处理。

四、原账"应收账款"科目的预算会计衔接

（一）具体衔接规定

应当对原账的"应收账款"科目余额进行分析，区分其中发生时对应计入预算收入的金额和没有计入预算收入的金额。对发生时计入预算收入的金额，再区分计入专项资金收入的金额和计入非专项资金收入的金额，按照相对应的金额分别借记"非财政拨款结转"和"非财政拨款结余"科目，贷记"资金结存"科目。对发生时没有计入预算收入的金额（如转让资产需上缴财政款等），不做衔接处理。

（二）衔接案例业务分析

2018 年末，本科目账面余额 1 600 万元，发生时相对应的业务内容分析如下：①因处置库存材料一批应收取款项 100 万元，按政策需上缴财政；②因对外提供专项技术服务应收取款项 200 万元，对应确认的收入需按专项管理；③因经营活动销售商品应收取款项 1 300 万元，对应确认的收入无须按专项管理。

（三）衔接案例会计分录

借：8201 非财政拨款结转（累计结转）　　　　　　200
　　8202 非财政拨款结余（累计结余）　　　　　　1 300
　　贷：8001 资金结存（明细科目）　　　　　　　　　1 500

注：处置库存材料一批应收取款项 100 万元需上缴财政，相关业务不做衔接处理。

五、原账"预付账款"科目的预算会计衔接

（一）具体衔接规定

应当对原账的"预付账款"科目余额进行分析，区分其中由财政补助资金预付的金额、非财政补助专项资金预付的金额、非财政补助非专项资金预付和专用基金预付的金额，对专用基金预付的金额还需要进一步按形成来源区分为由结余分配形成的金额及由收入/支出提取形成的金额，按照相对应的金额分别借记"财政拨款结转"、"非财政拨款结转"、"非财政拨款结余"和"专用结余"科目，贷记"资金结存"科目。

（二）衔接案例业务分析

2018 年末，本科目账面余额13 800万元，发生时相对应的内容如下：①使用财政补助资金预付购置存货款项 500 万元；②使用非财政补助专项资金预付工程款 11 500 万元；③使用非财政补助非专项资金预付购置专用设备款1 500万元；④使用专用基金预付技术开发款300万元，进一步分析所使用专用基金的形成来源，其中由结余分配形成的金额200 万元，由收入及支出提取形成的金额 100 万元。

（三）衔接案例会计分录

借：8101 财政拨款结转（累计结转）　　　　　　　　500

　　8201 非财政拨款结转（累计结转）　　　　　　11 500

　　8202 非财政拨款结余（累计结余）　　　　　　　1 500

　　8301 专用结余（明细科目）　　　　　　　　　　200

　　8202 非财政拨款结余（累计结余）　　　　　　　100

　　　　　　　　　　　　　（由收入及支出提取形成）

　　贷：8001 资金结存（明细科目）　　　　　　　13 800

六、原账"其他应收款"科目的预算会计衔接

（一）具体衔接规定

科学事业单位应当对原账的"其他应收款"科目余额进行分析，区分其中支出类的金额（资金形式支付且将来很可能列支）、周转类的金额（如支付的押金、保证金等）和收入类的金额（确认其他应收款时确认了收入），并将对应支出类及收入类的金额划分为财政补助资金对应的金额、非财政补助专项资金对应的金额、非财政补助非专项资金对应

的金额和专用基金对应的金额，对专用基金对应的金额还需要进一步按基金形成来源区分为由结余分配形成的金额及由收入/支出提取形成的金额，按照相对应的金额分别借记"财政拨款结转"、"非财政拨款结转"、"非财政拨款结余"和"专用结余"，贷记"资金结存"科目。周转类相对应的金额不做衔接处理。

（二）衔接案例业务分析

2018 年末，本科目账面余额 1 400 万元，相对应的业务内容分析如下：①使用财政补助资金预付职工差旅费款项等 300 万元，预计能全部转为支出；②使用非财政补助专项资金预付会议费等 200 万元；③使用非财政补助非专项资金预付医疗费 100 万元；④应收附属单位上缴款 100 万元对应已列收入；⑤使用专用基金预付职工食堂修缮 300 万元，进一步分析所使用专用基金的形成来源，其中由结余分配形成的金额 200 万元，由收入及支出提取形成的金额 100 万元；⑥为周转类（如支付的押金、为职工垫付的款项等）事项预付资金 400 万元，且预计将来不会转为支出。

（三）衔接案例会计分录

借：8101 财政拨款结转（累计结转）　　　　　300

8201 非财政拨款结转（累计结转）　　　　200

8202 非财政拨款结余（累计结余）　　　　100

8202 非财政拨款结余（累计结余）　　　　100

8301 专用结余（明细科目）　　　　　　　200

8202 非财政拨款结余（累计结余）　　　　100

（由收入及支出提取形成）

贷：8001 资金结存（明细科目）　　　　　　1 000

注：使用各类资金为周转类（如支付的押金、为职工垫付的款项

等）事项预付400万元，由于预计将来不会转为支出，不做衔接处理。

七、原账"库存材料"科目的预算会计衔接

（一）具体衔接规定

应当对原账的"库存材料"科目余额进行分析，区分购入（支付资金方式）的库存材料金额和非购入（未支付资金方式，如捐赠等方式）的库存材料金额。对购入方式取得库存材料的金额划分为支付财政补助资金的金额、支付非财政补助专项资金的金额、支付非财政补助非专项资金的金额和支付专用基金的金额，其中对支付专用基金的金额还需要进一步按基金形成来源区分为由结余分配形成的金额支付及由收入/支出提取形成的金额支付。对非购入方式取得库存材料的金额划分为已对应确认收入的金额和其他金额。按照各分类相对应的金额分别借记"财政拨款结转"、"非财政拨款结转"、"非财政拨款结余"和"专用结余"科目，贷记"资金结存"科目。非购入且未对应确认收入的金额（如对应负债等）不做衔接处理。

（二）衔接案例业务分析

2018年末，本科目账面余额700万元，相对应的业务内容分析如下：①使用财政补助资金购入的金额100万元；②使用非财政补助专项资金购入的金额100万元；③使用非财政补助非专项资金购入的金额100万元；④使用专用基金购入的金额100万元，进一步分析所使用专用基金的形成来源，其中由结余分配形成的金额50万元，由收入及支出提取形成的金额50万元；⑤获取捐赠取得库存材料一批，价值50万元；⑥通过承担负债方式（应付票据、应付账款等）取得库存材料一批，价值250万元。

（三）衔接案例会计分录

借：8101 财政拨款结转（累计结转）　　　　　100

8201 非财政拨款结转（累计结转）　　　　100

8202 非财政拨款结余（累计结余）　　　　100

8301 专用结余（明细科目）　　　　　　　50

8202 非财政拨款结余（累计结余）　　　　50

（由收入及支出提取形成）

8202 非财政拨款结余（累计结余）　　　　50

（捐赠）

贷：8001 资金结存（明细科目）　　　　　　450

注：通过承担负债方式（应付票据、应付账款等）取得库存材料相对应的金额 250 万元，由于不涉及资金收支且不影响各类结存，不做衔接处理。

八、原账"科技产品"科目的预算会计衔接

（一）具体衔接规定

应当对原账的"科技产品"科目余额进行分析，区分购入（支付资金方式）的科技产品金额和非购入（未支付资金方式，如捐赠等方式）的科技产品金额。对购入方式取得科技产品的金额划分为支付财政补助资金的金额、支付非财政补助专项资金的金额、支付非财政补助非专项资金的金额和支付专用基金的金额，其中对支付专用基金的金额还需要进一步按基金形成来源区分为由结余分配形成的金额支付及由收入/支出提取形成的金额支付。对非购入方式取得科技产品的金额划分为已对应确认收入的金额和其他金额。按照各分类相对应的金额分别借记"财

政拨款结转"、"非财政拨款结转"、"非财政拨款结余"和"专用结余"科目，贷记"资金结存"科目。非购入且未对应确认收入的金额（如对应负债等）不做衔接处理。

（二）衔接案例业务分析

2018年末，本科目账面余额700万元，相对应的业务内容分析如下：①使用财政补助资金购入的金额100万元；②使用非财政补助专项资金购入的金额100万元；③使用非财政补助非专项资金购入的金额100万元；④使用专用基金购入的金额100万元，进一步分析所使用专用基金的形成来源，其中由结余分配形成的金额50万元，由收入及支出提取形成的金额50万元；⑤获取捐赠取得科技产品一批，价值50万元；⑥通过承担负债方式（应付职工薪酬、应付账款等）取得科技产品一批，价值250万元。

（三）衔接案例会计分录

借：8101 财政拨款结转（累计结转）　　　　　　　100

8201 非财政拨款结转（累计结转）　　　　　100

8202 非财政拨款结余（累计结余）　　　　　100

8301 专用结余（明细科目）　　　　　　　　50

8202 非财政拨款结余（累计结余）　　　　　50

　　　　　　　　（收入及支出提取形成部分）

8202 非财政拨款结余（累计结余）　　　　　50

　　　　　　　　　　　　（捐赠）

贷：8001 资金结存（明细科目）　　　　　　　　450

注：通过承担负债方式（应付职工薪酬、应付账款等）取得科技产品相对应的金额250万元，由于不涉及资金收支且不影响各类结存，不做衔接处理。

九、原账"长期投资"、"固定资产"、"累计折旧"、"在建工程"、"无形资产"和"累计摊销"科目的预算会计衔接

(一)具体衔接规定

应当对原账的"长期投资"、"固定资产"、"累计折旧"、"在建工程"、"无形资产"和"累计摊销"科目余额进行分析,根据科学事业单位会计制度,上述科目余额剔除融资租赁方式取得资产及转入待处置资产等特殊情况外,应与原账"非流动资产基金"科目下各项明细科目余额保持一致。由于本类科目与对应的"非流动资产基金"、"长期应付款"和"待处置资产损溢"等科目综合考虑后不会涉及对应资金类科目且不影响各类结存,不做衔接处理。

(二)衔接案例业务分析

2018年末,本科目账面余额119 000万元,相对应的业务内容分析如下。

(1)"长期投资"余额10 000万元,对应"非流动资产基金—长期投资",无差额。

(2)固定资产净值("固定资产"原值抵减"累计折旧")余额79 000万元,对应"非流动资产基金—固定资产"79 900万元,差额900万元,分析差异原因为:①待处置固定资产1 000万元已转入待处置资产损益科目;②采用融资租赁方式取得固定资产100万元,对应在"长期应付款"核算。

(3)"在建工程"余额28 000万元,对应"非流动资产基金—在建工程",无差额。

(4)无形资产净值("无形资产"原值抵减"累计摊销")余额

3 000万元，对应"非流动资产基金—无形资产"，无差额。

（三）衔接案例会计分录

注：由于本类科目与对应的"非流动资产基金"、"长期应付款"和"待处置资产损溢"等科目综合考虑后不会涉及对应资金类科目且不影响各类结存，不做衔接处理。

十、原账"待处置资产损溢"科目的预算会计衔接

（一）具体衔接规定

应当对原账的"待处置资产损溢"科目余额划分为待处置资产价值与处置过程损益。处置资产价值应进一步区分为待处置流动资产价值与待处置非流动资产价值，将待处置流动资产价值原对应的流动资产按取得方式区分为购入（支付资金方式）方式和非购入方式，对购入方式取得的金额划分为支付财政补助资金的金额、支付非财政补助专项资金的金额、支付非财政补助非专项资金的金额和支付专用基金的金额，其中对支付专用基金的金额还需要进一步按基金形成来源区分为由结余分配形成的金额支付及由收入/支出提取形成的金额支付；对非购入类金额划分为已对应确认收入的金额和其他金额。按照各分类相对应的金额分别借记"财政拨款结转"、"非财政拨款结转"、"非财政拨款结余"和"专用结余"科目，贷记"资金结存"科目。对于非购入且未确认收入相对应的金额（如对应负债等）不做衔接处理。对于待处置非流动资产价值应与"长期投资""固定资产"等长期资产类科目综合考虑处理，由于不涉及对应资金类科目且不影响各类结存，不做衔接处理。对于处置过程损益，由于其尚未完成最终处置过程，按新制度要求不做衔接处理。

（二）衔接案例业务分析

2018 年末，本科目账面余额 1 400 万元，相对应的业务内容分析如下。

（1）"待处置流动资产"余额300万元，分析对应原流动资产的取得方式：①使用财政补助资金购入的金额50万元；②使用非财政补助专项资金购入的金额50万元；③使用非财政补助非专项资金购入的金额50万元；④使用专用基金购入的金额50万元，进一步分析所使用专用基金的形成来源，其中由结余分配形成的金额30万元，由收入及支出提取形成的金额20万元；⑤包含原通过捐赠取得的存货，价值50万元；⑥包含原通过承担负债方式（应付账款等）取得的库存材料，价值50万元。

（2）"待处置非流动资产"余额1 000万元，全部为待处置固定资产价值。

（3）"处置过程损益"100万元，其中处置流动资产、固定资产发生的相关费用110万元，处置流动资产、固定资产的变价收入10万元。

（三）衔接案例会计分录

借：8101 财政拨款结转（累计结转）　　　　　　50

　　8201 非财政拨款结转（累计结转）　　　　　50

　　8202 非财政拨款结余（累计结余）　　　　　50

　　8301 专用结余（明细科目）　　　　　　　　30

　　8202 非财政拨款结余（累计结余）　　　　　20

　　　　　　　　　　（由收入及支出提取形成）

　　8202 非财政拨款结余（累计结余）　　　　　50

　　　　　　　　　　　　　　　　（捐赠）

　贷：8001 资金结存（明细科目）　　　　　　　250

注：对应原通过承担负债方式（应付账款等）取得存货的金额50万元，由于不涉及资金支付且不影响各类结存，不做衔接处理。对于待处置非流动资产价值1 000万元应与"长期投资""固定资产"等长期资产类科目综合考虑处理，由于不涉及对应资金类科目且不影响各类结存，不做衔接处理。对于处置过程损益100万元，由于其尚未完成最终处置过程，按新制度要求不做衔接处理。

十一、原账"短期借款"科目的预算会计衔接

（一）具体衔接规定

应当按照原账的"短期借款"科目余额，借记"资金结存"科目，贷记"非财政拨款结余"科目。

（二）衔接案例业务分析

2018年末，本科目账面余额500万元，经分析，全部为向银行借入的短期流动资金借款。

（三）衔接案例会计分录

借：8001 资金结存（明细科目）　　　　　　　500
　　贷：8202 非财政拨款结余（累计结余）　　　　　　500

十二、原账"应缴税费"科目的预算会计衔接

（一）具体衔接规定

应当对原账"应缴税费—应交增值税"科目余额进行分析，区分出非财政补助专项资金相关的金额和非财政补助非专项资金相关的金额。

如果相对应的金额为正数（贷方），则借记"资金结存"科目，贷记"非财政拨款结转"和"非财政拨款结余"科目；如果相对应的金额为负数（借方），则借记"非财政拨款结转"和"非财政拨款结余"，贷记"资金结存"科目。

应当对原账"应缴税费"科目余额中非增值税的其他应交税费进行分析，划分出财政补助资金应交金额、非财政补助专项资金应交金额和非财政补助非专项资金应交金额，按照各分类相对应的金额分别借记"资金结存"科目，贷记"财政拨款结转"、"非财政拨款结转"和"非财政拨款结余"科目。

（二）衔接案例业务分析

2018年末，本科目贷方余额500万元，相对应的业务内容分析如下。

（1）应交增值税科目余额200万元，包括：①与非财政补助专项资金相关（如横向专项资金）的增值税对应金额100万元；②与非财政补助非专项资金相关（如经营收入）的增值税金额100万元。

（2）其他应交税费科目余额300万元，包括：①财政补助应交的个人所得税金额100万元；②非财政补助专项资金应交的城建税等附加税金额100万元；③非财政补助非专项资金应交的城建税等附加税金额100万元。

（三）衔接案例会计分录

（1）借：8001 资金结存（明细科目）　　　　　　200

　　　　贷：8201 非财政拨款结转（累计结转）　　　　　　100

　　　　　　8202 非财政拨款结余（累计结余）　　　　　　100

（2）借：8001 资金结存（明细科目）　　　　　　300

　　　　贷：8101 财政拨款结转（累计结转）　　　　　　100

　　　　　　8201 非财政拨款结转（累计结转）　　　　　　100

8202 非财政拨款结余（累计结余） 100

十三、原账"应缴国库款""应缴财政专户款"科目的预算会计衔接

（一）具体衔接规定

原账"应缴国库款""应缴财政专户款"科目对应的业务内容不属于预算会计核算内容，不做衔接会计处理。

（二）衔接案例业务分析

2018年末，"应缴国库款"贷方余额200万元，"应缴财政专户款"科目贷方余额100万元。

（三）衔接案例会计分录

不做衔接会计处理。

十四、原账"应付职工薪酬"科目的预算会计衔接

（一）具体衔接规定

应当对原账"应付职工薪酬"科目余额进行分析，区分发生时计入预算支出的金额和未计入预算支出的金额。将计入预算支出的金额划分出财政补助资金应付的金额、非财政补助专项资金应付的金额和非财政补助非专项资金应付的金额，按照各分类相对应的金额分别借记"资金结存"科目，贷记"财政拨款结转"、"非财政拨款结转"和"非财政拨款结余"科目。对应未计入预算支出的金额，由于不涉及资金支付且不影响各类结存，不做衔接会计处理。

（二）衔接案例业务分析

2018年末，本科目贷方余额1 400万元，相对应的业务内容分析如下。

（1）发生时计入预算支出的金额1 300万元，包括：①由财政补助资金应付职工薪酬的金额300万元；②由非财政补助专项资金应付职工薪酬的金额300万元；③由非财政补助非专项资金应付职工薪酬的金额700万元。

（2）自制科技产品应承担的人员费用100万元，计入应付职工薪酬。

（三）衔接案例会计分录

借：8001 资金结存（明细科目） 1 300
　　贷：8101 财政拨款结转（累计结转） 300
　　　　8201 非财政拨款结转（累计结转） 300
　　　　8202 非财政拨款结余（累计结余） 700

注：自制科技产品应承担的人员费用100万元，对应科目由于不涉及资金支付且不影响各类结存，不做衔接会计处理。

十五、原账"应付票据"科目的预算会计衔接

（一）具体衔接规定

应当对原账"应付票据"科目余额进行分析，区分发生时计入预算支出的金额和未计入预算支出的金额。将计入预算支出的金额划分为财政补助资金应付的金额、非财政补助专项资金应付的金额和非财政补助非专项资金应付的金额，按照各分类相对应的金额分别借记"资金结存"科目，贷记"财政拨款结转"、"非财政拨款结转"和"非财政拨

款结余"科目。对应未计入预算支出的金额，由于不涉及资金支付且不影响各类结存，不做衔接会计处理。

（二）衔接案例业务分析

2018年末，本科目贷方余额200万元，均为购买库存材料等开具汇票，相对应的业务内容分析如下。

（1）发生时对应计入预算支出的金额150万元，包括：①由财政补助资金应付的金额50万元；②由非财政补助专项资金应付的金额50万元；③由非财政补助非专项资金应付的金额50万元。

（2）发生时对应计入库存材料的金额50万元。

（三）衔接案例会计分录

借：8001 资金结存（明细科目）　　　　　　　150
　　贷：8101 财政拨款结转（累计结转）　　　　　　50
　　　　8201 非财政拨款结转（累计结转）　　　　　50
　　　　8202 非财政拨款结余（累计结余）　　　　　50

注：发生时对应计入库存材料的金额 50 万元，由于不涉及资金支付且不影响各类结存，不做衔接会计处理。

十六、原账"应付账款"科目的预算会计衔接

（一）具体衔接规定

应当对原账"应付账款"科目余额进行分析，区分发生时计入预算支出的金额和未计入预算支出的金额。将对应计入预算支出的金额划分为财政补助资金应付的金额、非财政补助专项资金应付的金额和非财政补助非专项资金应付的金额，按照各分类相对应的金额分别借记"资金

结存"科目，贷记"财政拨款结转"、"非财政拨款结转"和"非财政拨款结余"科目。对应未计入预算支出的金额，由于不涉及资金支付且不影响各类结存，不做衔接会计处理。

（二）衔接案例业务分析

2018年末，本科目贷方余额1 000万元，均为采购库存材料等应付款项，相对应的业务内容分析如下。

（1）发生时对应计入预算支出的金额600万元，包括：①由财政补助资金应付的金额200万元；②由非财政补助专项资金应付的金额200万元；③由非财政补助非专项资金应付的金额200万元。

（2）发生时未对应预算支出的金额400万元，包括：①对应计入库存材料的金额250万元；②对应计入科技产品的金额150万元。

（三）衔接案例会计分录

借：8001 资金结存（明细科目） 600
　　贷：8101 财政拨款结转（累计结转） 200
　　　　8201 非财政拨款结转（累计结转） 200
　　　　8202 非财政拨款结余（累计结余） 200

注：发生时对应计入库存材料的金额250万元及对应计入科技产品的金额150万元，由于不涉及资金支付且不影响各类结存，不做衔接会计处理。

十七、原账"预收账款"科目的预算会计衔接

（一）具体衔接规定

应当对原账的"预收账款"科目余额进行分析，区分出预收非财政

补助专项资金对应的金额和预收非财政补助非专项资金对应的金额，按照各分类相对应的金额分别借记"资金结存"科目，贷记"非财政拨款结转""非财政拨款结余"科目。

（二）衔接案例业务分析

2018 年末，本科目贷方余额 44 500 万元，相对应的业务内容分析如下：①预收非财政补助专项资金（科技计划项目等）40 000 万元；②预收非财政补助非专项资金（横向委托资金预收款等）4 500 万元。

（三）衔接案例会计分录

借：8001 资金结存（明细科目）　　　　　　44 500

　　贷：8201 非财政拨款结转（累计结转）　　40 000

　　　　8202 非财政拨款结余（累计结余）　　4 500

十八、原账"其他应付款"科目的预算会计衔接

（一）具体衔接规定

应当对原账的"其他应付款"科目余额进行分析，首先区分出属于受托代理负债的金额，然后对非受托代理负债的金额再区分出支出类的金额（确认其他应付款时计入了支出）、周转类的金额（如收取的押金、保证金等）和收入类的金额（资金形式收到的待确认的收入）。将支出类金额划分为财政补助资金对应的金额、非财政补助专项资金对应的金额和非财政补助非专项资金对应的金额，按照各分类相对应的金额分别借记"资金结存"科目，贷记"财政拨款结转"、"非财政拨款结转"和"非财政拨款结余"科目。受托代理负债、周转类及收入类对应的金额按规定不做衔接会计处理。

（二）衔接案例业务分析

2018 年末，本科目贷方余额 1 000 万元，相对应的业务内容分析如下。

（1）受托代理负债的金额 200 万元。

（2）收取的保证金、押金等各类周转类金额合计 200 万元。

（3）待确认的收入款项 300 万元。

（4）发生时计入支出的金额 300 万元，包括：①财政补助资金对应的金额 100 万元；②非财政补助专项资金对应的金额 100 万元；③非财政补助非专项资金对应的金额为 100 万元。

（三）衔接案例会计分录

借：8001 资金结存（明细科目）　　　　　　　　　300

　　贷：8101 财政拨款结转（累计结转）　　　　　　100

　　　　8201 非财政拨款结转（累计结转）　　　　　100

　　　　8202 非财政拨款结余（累计结余）　　　　　100

注：受托代理负债 200 万元、周转类金额 200 万元、待确认收入类金额 300 万元，对应的金额按规定不做衔接会计处理。

十九、原账"长期借款"科目的预算会计衔接

（一）具体衔接规定

应当按照原账的"长期借款"科目余额，借记"资金结存"科目，贷记"非财政拨款结余"科目。

（二）衔接案例业务分析

2018 年末，本科目账面余额 300 万元，经分析，全部为向银行借入长期周转资金 300 万元。

（三）衔接案例会计分录

借：8001 资金结存（明细科目）　　　　　　　　　　300

　　贷：8202 非财政拨款结余（累计结余）　　　　　　　300

二十、原账"长期应付款"科目的预算会计衔接

（一）具体衔接规定

应当对原账"长期应付款"科目余额进行分析，区分为发生时计入预算支出的金额和未计入预算支出的金额。将计入预算支出的金额划分出财政补助资金应付的金额、非财政补助专项资金应付的金额和非财政补助非专项资金应付的金额，按照相对应的金额分别借记"资金结存"科目，贷记"财政拨款结转"、"非财政拨款结转"和"非财政拨款结余"科目。

（二）衔接案例业务分析

2018 年末，本科目贷方余额300 万元，相对应的业务内容分析如下。

（1）发生时计入预算支出的金额200 万元，包括：①由财政补助资金应付的金额100 万元；②由非财政补助专项资金应付的金额50 万元；③由非财政补助非专项资金应付的金额 50 万元。

（2）融资租赁固定资产金额 100 万元。

（三）衔接案例会计分录

借：8001 资金结存（明细科目）　　　　　　　　　　200

　　贷：8101 财政拨款结转（累计结转）　　　　　　　100

　　　　8201 非财政拨款结转（累计结转）　　　　　　50

　　　　8202 非财政拨款结余（累计结余）　　　　　　50

注：融资租赁固定资产 100 万元，由于不涉及资金支付且不影响各

类结存，不做衔接会计处理。

二十一、原账"事业基金"科目的预算会计衔接

（一）具体衔接规定

应当按照原账"事业基金"科目余额，借记"资金结存"科目，贷记"非财政拨款结余"科目。

（二）衔接案例业务分析

2018 年末，本科目贷方余额 13 000 万元。

（三）衔接案例会计分录

借：8001 资金结存（明细科目）　　　　　　　　　13 000
　　贷：8202 非财政拨款结余（累计结余）　　　　　　　13 000

二十二、原账"非流动资产基金"科目的预算会计衔接

原账"非流动资产基金"科目余额，一般与资产类相应科目（"长期投资"、"固定资产"、"累计折旧"、"在建工程"、"无形资产"和"累计摊销"）的净值金额一致，无须进行预算会计衔接处理。如果有融资租赁固定资产，应与"长期应付款"相对应的金额一并考虑，同样不进行预算会计衔接处理。

二十三、原账"专用基金"科目的预算会计衔接

（一）具体衔接规定

应当对原账"专用基金"科目余额进行分析，区分出结余分配形成

的金额和通过收入及支出提取形成的金额。对结余分配形成的金额，借记"资金结存"科目，贷记"专用结余"科目；对通过收入及费用提取形成的金额，借记"资金结存"科目，贷记"非财政拨款结余"科目。

注意：资产、负债类科目中凡涉及原账"专用基金"来源的，需分析具体情况逐项考虑对衔接后"非财政拨款结余"及"专用结余"的影响。

（二）衔接案例业务分析

2018 年末，本科目贷方余额 7 000 万元，经分析：①由结余分配形成的职工福利基金 5 000 万元；②按照规定从预算收入中提取的成果转移转化基金 2 000 万元。

（三）衔接案例会计分录

借：8001 资金结存（明细科目）　　　　　　　7 000
　　贷：8301 专用结余（明细科目）　　　　　　5 000
　　　　8202 非财政拨款结余（累计结余）　　　2 000

二十四、原账"财政补助结转"、"财政补助结余"和"非财政补助结转"科目的预算会计衔接

（一）具体衔接规定

应当根据原账"财政补助结转"、"财政补助结余"和"非财政补助结转"科目余额，借记"资金结存"科目，分别贷记"财政拨款结转"、"财政拨款结余"和"非财政拨款结转"科目。

（二）衔接案例业务分析

2018 年末，"财政补助结转"、"财政补助结余"和"非财政补

助结转"科目贷方余额分别为 9 000 万元、300 万元和 1 000 万元。

（三）衔接案例会计分录

借：8001 资金结存（明细科目）　　　　　　　　　10 300

　　贷：8101 财政拨款结转（累计结转）　　　　　　9 000

　　　　8102 财政拨款结余（累计结余）　　　　　　 300

　　　　8201 非财政拨款结转（累计结转）　　　　　1 000

二十五、原账"经营结余"科目的预算会计衔接

（一）具体衔接规定

应当按照原账"经营结余"科目余额（有余额必然为借方），借记"经营结余"科目，贷记"资金结存"科目。

（二）衔接案例业务分析

2018 年末，"经营结余"科目借方余额 200 万元。

（三）衔接案例会计分录

借：经营结余　　　　　　　　　　　　　　　　　　200

　　贷：资金结存（明细科目）　　　　　　　　　　 200

衔接后的资金类科目校验：完成衔接会计处理后，原账货币性资金结存 61 100 万元，应与预算会计资金结存科目（60 750 万元）和不进行衔接的资金类科目（350 万元）合计数及明细科目均保持一致。

本章附表

附表4-1 科学事业单位原会计科目与预算会计科目衔接表（案例分析）

编制单位：

单位：万元

科目类别	科目编码	会计科目	原账科目余额	明细分类及说明	分类明细金额	调整及结转分录，应根据业务的具体情况判断（以下科目借方、贷方）		按衔接规定调整及结转金额	调整后原账余额	调整后原账余额说明
						预算会计结转结余科目类别	资金结存科目			
	1001	库存现金	100		100				100	调整后余额等于原科目余额
	1002	银行存款	56 000		56 000				56 000	调整后余额等于原科目余额
	1011	零余额账户用款额度								调整后余额等于原科目余额
资产类	1101	短期投资	100	原账余额（现金资产投资）	100	借:8202 非财政拨款结余（累计结余）贷:8001 资金结存		100		调整后原账余额一般为0
	1201	财政应返还额度	5 000		5 000				5 000	调整后余额等于原科目余额
	1211	应收票据	200	发生时不计入资产需上缴财政款等	50				50	调整后原账余额为：发生时不计入收入，如转让资产的

续表

科目类别	科目编码	会计科目	原账科目余额	明细分类及说明	分类明细金额	调整及结转分录（以下科目借方、贷方，应根据业务的具体情况判断） 预算会计结转结余科目	资金结存科目	按衔接规定调整及结转金额	调整后原账余额	调整后原账余额说明
资产类	1211	应收票据	200	发生时计入预算收入	150					
				其中：专项收入	50	借：8201 非财政拨款结转（累计结转）	贷：8001 资金结存	50		
				非专项收入	100	借：8202 非财政拨款结余（累计结余）	贷：8001 资金结存	100		
				发生时不计入预算收入（如转让资产需上缴财政款等）	100				100	应收票据、应收账款（需上缴财政款）
	1212	应收账款	1 600	发生时计入预算收入	1 500					
				其中：专项收入	200	借：8201 非财政拨款结转（累计结转）	贷：8001 资金结存	200		
				非专项收入	1 300	借：8202 非财政拨款结余（累计结余）	贷：8001 资金结存	1 300		
	1213	预付账款	13 800	财政补助资金预付	500	借：8101 财政拨款结余（累计结余）	贷：8001 资金结存	500		
				非财政补助专项资金预付	11 500	借：8201 非财政拨款结转（累计结转）	贷：8001 资金结存	11 500		调整后原账余额一般为 0
				非财政补助非专项资金预付	1 500	借：8202 非财政拨款结余（累计结余）	贷：8001 资金结存	1 500		
				专用基金预付	300					

续表

科目类别	科目编码	会计科目	原账科目余额	明细分类及说明	分类明细金额	调整及结转分录（以下科目借贷方，应根据业务的具体情况判断）预算会计结转结余类科目	资金结存科目	按衔接规定调整及结转金额	调整后原账余额	调整后原账余额说明
资产类	1213	预付账款	13 800	其中：结余分配形成的资金预付	200	借：8301 专用结余（福利基金、成果转化基金）	贷：8001 资金结存	200		调整后原账余额一般为 0
				收入及支出提取形成的资金预付	100	借：8202 非财政结余（累计结余）	贷：8001 资金结存	100		
				支出类（如职工预借的差旅费等）及收入类（确认应收时确认了收入）	1 000					
	1215	其他应收款	1 400	其中：对应财政补助	300	借：8101 财政拨款结转（累计结转）	贷：8001 资金结存	300		调整后原账余额为：周转类如支付的押金、应收为职工垫付的款项等
				对应非财政补助专项资金	200	借：8201 非财政拨款结转（累计结转）	贷：8001 资金结存	200		
				对应非财政补助非专项资金	200	借：8202 非财政结余（累计结余）	贷：8001 资金结存	200		
				对应专用基金	300					
				其中：结余分配形成的资金预付	200	借：8301 专用结余（福利基金、成果转化基金）	贷：8001 资金结存	200		
				收入及支出提取形成的资金预付	100	借：8202 非财政结余（累计结余）	贷：8001 资金结存	100		

续表

科目类别	科目编码	会计科目	原账科目余额	明细分类及说明	分类明细金额	预算会计结转余类科目	资金结存科目	按衔接规定调整及结转金额	调整后原账余额	调整后原账余额说明
	1215	其他应收款	1 400	周转类（如支付的押金、为职工垫付的款项等）	400				400	
				支付资金的库存材料购入	400					
				其中：使用财政补助资金购入	100	借：8101 财政拨款结转（累计结转）	贷：8001 资金结存	100		
				使用非财政补助专项资金购入	100	借：8201 非财政拨款结转（累计结转）	贷：8001 资金结存	100		
				使用非财政补助非专项资金购入	100	借：8202 非财政拨款结余（累计结余）	贷：8001 资金结存	100		
资产类				使用专用基金购入	100					
	1301	库存材料	700	其中：结余分配形成的资金购入	50	借：8301 专用结余（福利基金、成果转化基金）	贷：8001 资金结存	50		调整后原账余额为：未支付资金的存货，如受托代理资产、承担负债（应付票据、应付账款等）取得的存货；其他会计科目中含代理资产而受托代理时同方法处理
				收入及支出提取形成的资金购入	50	借：8202 非财政拨款结余（累计结余）	贷：8001 资金结存	50		
				未支付资金库存材料	300					
				其中：已形成收入（如无偿调入、接受捐赠的库存材料等）	50	借：8202 非财政拨款结余（累计结余）	贷：8001 资金结存	50		
				其他	250				250	

续表

科目类别	科目编码	会计科目	原账科目余额	明细分类及说明	分类明细金额	预算会计结转科目类科目	资金结存科目	按衔接规定调整及结转金额	调整后原账账余额	调整后原账账余额说明
资产类	1302	科技产品	700	支付资金的科技产品	400					调整后原账余额为:未支付资金的存货、如受托代理资产,承担负债(应付票据、应付账款等)取得的存货;其他会计科目中含有非财货而受托代理资产时同方法处理
				其中:使用财政补助资金支付	100	借:8101 财政拨款结转(累计结转)	贷:8001 资金结存	100		
				使用非财政补助专项资金支付	100	借:8201 非财政拨款结转(累计结转)	贷:8001 资金结存	100		
				使用非财政补助非专项资金支付	100	借:8202 非财政拨款结余(累计结余)	贷:8001 资金结存	100		
				使用专用基金支付	100					
				其中:结余分配形成的资金支付	50	借:8301 专用结余(福利基金、成果转化基金)	贷:8001 资金结存	50		
				收入及支出提取形成的资金支付	50	借:8202 非财政拨款结余(累计结余)	贷:8001 资金结存	50		
				未支付资金科技产品	300					
				其中:已形成收入(如无偿调入、接受捐赠的科技产品等)	50	借:8202 非财政拨款结余(累计结余)	贷:8001 资金结存	50		
				其他	250				250	
	1401	长期投资	10 000	原制度平行记账,一般与"非流动资产基金—固定资产"金额一致;若不一致,	10 000				10 000	与净资产类抵消为 0

续表

科目类别	科目编码	会计科目	原账科目余额	明细分类及说明	分类明细金额	调整及结转分录（以下科目借方、贷方，应根据业务的具体情况判断）预算会计结转结余类科目	资金结存科目	按衔接规定调整及结转金额	调整后原账余额	调整后原账余额说明
	1501	固定资产	119 000		119 000				119 000	与净资产类抵消为0
	1502	累计折旧	40 000	加"长期应付款"等科目后应相符（如融资租赁的固定资产）	40 000				40 000	与净资产类抵消为0
	1511	在建工程	28000	说明：现金资产投资不应调整	28 000				28 000	与净资产类抵消为0
	1601	无形资产	3 000	原账已调整了"事业基金"等，原账已列支而不行平记账	3 000				3 000	与净资产类抵消为0
	1602	累计摊销	1 000		1 000				1 000	与净资产类抵消为0
资产类	1701	待处置资产损溢	1 400	处置资产价值—流动资产	300					本科目年末一般应无余额，资产价值参照资产所属性调整；处置过程资产，由于尚未完成最终处置过程，制度要求不做衔接处理
				其中：使用财政补助资金支付	50	借：8101 财政拨款结转（累计结转）	贷：8001 资金结存	50		
				使用非财政补助专项资金支付	50	借：8201 非财政拨款结转（累计结转）	贷：8001 资金结存	50		
				使用非财政补助非专项资金支付	50	借：8202 非财政拨款结余（累计结余）	贷：8001 资金结存	50		
				使用专用基金支付	50					
				其中：结余分配形成的资金支付	30	借：8301 专用结余（福利基金、成果转化基金）	贷：8001 资金结存	30		

续表

科目类别	科目编码	会计科目	原账科目余额	明细分类及说明	分类明细金额	调整及结转分录（以下科目借贷方，应根据业务的具体情况判断） 预算会计结转结余类科目	资金结存科目	按衔接规定调整及结转金额	调整后原账余额	调整后原账账额余说明
资产类	1701	待处置资产损溢	1 400	收入及支出提取成的资金支付	20	借：8202 非财政拨款结余（累计结余）	贷：8001 资金结存	20		本科目年末一般应无余额，资产价值属性调整；原资产属性调整；处置资产过程损益，由于尚未完成最终处置过程，按新制度要求不做衔接处理
				未支付资金	100					
				其中：已形成收入（如无偿调入、接受捐赠等）材料等	50	借：8202 非财政拨款结余（累计结余）	贷：8001 资金结存	50		
				其他	50				50	
				处置资产价值—非流动资产	1 000				1 000	
				处置过程正净损益（借方余额正数列示，贷方余额负数列示）	100			100	100	
负债类	2001	短期借款	500	原账账余额	500	贷：8202 非财政拨款结余（累计结余）	借：8001 资金结存	500		调整后原账余额一般为 0
	2101	应缴税费	500	应交增值税（根据借贷方余额确定分录，下同）	200					调整后原账余额一般为 0
				其中：非财政拨款专项资金应交	100	贷：8201 非财政拨款结转（累计结转）	借：8001 资金结存	100		
				非财政拨款非专项资金应交	100	贷：8202 非财政拨款结余（累计结余）	借：8001 资金结存	100		
				应交其他税费	300					
				其中：财政拨款应交	100	贷：8101 财政拨款结转（累计结转）	借：8001 资金结存	100		

续表

科目类别	科目编码	会计科目	原账科目余额	明细分类及说明	分类明细金额	调整及结转分录（以下科目借贷方，应根据业务的具体情况判断）		按衔接规定调整及结转金额	调整后原账余额	调整后原账账余额说明
						预算会计结转结余科目	资金结存科目			
	2101	应缴税费	500	非财政拨款专项资金 应交	100	贷：8201 非财政拨款结转（累计结转）	借：8001 资金结存	100		调整后原账余额一般为 0
				非财政拨款非专项资金 应交	100	贷：8202 非财政拨款结余（累计结余）	借：8001 资金结存	100		
	2102	应缴国库款	200		200				200	调整后余额等于原科目余额
	2103	应缴财政专户款	100		100				100	调整后余额等于原科目余额
负债类	2201	应付职工薪酬	1 400	发生时不计入预算支出	100				100	
				发生时计入预算支出	1 300					
				其中：财政拨款资金应付	300	贷：8101 财政拨款结转（累计结转）	借：8001 资金结存	300		调整后原账余额为：承担负债方式取得的存货
				非财政补助专项资金应付	300	贷：8201 非财政拨款结转（累计结转）	借：8001 资金结存	300		
				非财政补助非专项资金应付	700	贷：8202 非财政拨款结余（累计结余）	借：8001 资金结存	700		
	2301	应付票据	200	发生时不计入预算支出	50				50	调整后原账余额为：承担负债方式取得的存货
				发生时计入预算支出	150					
				其中：财政补助资金应付	50	贷：8101 财政拨款结转（累计结转）	借：8001 资金结存	50		

续表

科目类别	科目编码	会计科目	原账科目余额	明细分类及说明	分类明细金额	调整及结转分录（以下科目借贷方，应根据业务的具体情况判断）		按衔接规定调整及结转金额	调整后原账余额	调整后原账余额说明
						预算会计结转结余类科目	资金结存科目			
负债类	2301	应付票据	200	非财政补助专项资金应付	50	贷：8201 非财政拨款累计转	借：8001 资金结存	50		调整后原账余额为：承担负债方式取得的存货
				非财政补助非专项资金应付	50	贷：8202 非财政拨款累计结余	借：8001 资金结存	50		调整后原账余额为：承担负债方式取得的存货
				发生时不计入预算支出	400				400	
	2302	应付账款	1 000	发生时计入预算支出	600					
				其中：财政补助资金应付	200	贷：8101 财政拨款结转累计结转	借：8001 资金结存	200		调整后原账余额为：承担负债方式取得的存货
				非财政补助专项资金应付	200	贷：8201 非财政拨款累计转	借：8001 资金结存	200		
				非财政补助非专项资金应付	200	贷：8202 非财政拨款累计结余	借：8001 资金结存	200		
	2303	预收账款	44 500	预收专项资金	40 000	贷：8101 财政拨款结转累计结转	借：8001 资金结存	40 000		调整后原账余额一般为0
				预收非专项资金	4 500	贷：8202 非财政拨款累计结余	借：8001 资金结存	4 500		
	2305	其他应付款	1 000	支出类	300					调整后原账余额说明：待确认的收入的收入类；周转类如收取的押金、保证金
				其中：财政补助资金应付	100	贷：8101 财政拨款结转累计结转	借：8001 资金结存	100		
				非财政补助专项资金应付	100	贷：8201 非财政拨款累计结余	借：8001 资金结存	100		

续表

科目类别	科目编码	会计科目	原账科目余额	明细分类及说明	分类明细金额	调整及结转分录（以下科目借贷方，应根据业务的具体情况判断）		按衔接规定调整结转及金额	调整后原账余额	调整后原账余额说明
						预算会计结转结存类科目	资金结存科目			
负债类	2305	其他应付款	1 000	非财政补助非专项资金应付	100	贷：8202 非财政拨款结余（累计结余）	借：8001 资金结存	100		
				收入类（待确认的收入）	300				300	等；受托代理负债
				周转类（如收取的押金、保证金等）	200				200	
				受托代理负债	200				200	
	2401	长期借款	300	原账账余额	300	贷：8202 非财政拨款结余（累计结余）	借：8001 资金结存	300		调整后原账余额一般为 0
				发生时不计入预算支出（如融资租赁的固定资产）	100			100	100	调整后原账余额一般为 0，若有未支出的金额，如融资租赁的固定资产，余额加"非流动资产—固定资产基金—固定资产"等于资产"等科目，类相互抵消为 0
				发生时计入预算支出	200					
	2402	长期应付款	300	其中：财政补助资金应付	100	贷：8101 财政拨款结转（累计结转）	借：8001 资金结存	100		
				非财政补助资金应付	50	贷：8201 非财政拨款结转（累计结转）	借：8001 资金结存	50		
				非财政补助非专项资金应付	50	贷：8202 非财政拨款结余（累计结余）	借：8001 资金结存	50		
净资产类	3001	事业基金	13 000	结转至"非财政拨款结余"	13 000	贷：8202 非财政拨款结余（累计结余）	借：8001 资金结存	13 000		原账余额为 0

续表

科目类别	科目编码	会计科目	原账科目余额	明细分类说明	分类明细金额	调整及结转分录（以下科目借贷方，应根据业务的具体情况判断）		按衔接规定调整及结转金额	调整后原账余额	调整后原账说明
						预算会计结转结余类科目	资金结存科目			
净资产类	3101	非流动资产基金	119 900	原制度平行记账，一般与资产类相应科目的净值余额一致；若不一致，加"长期应付款"等科目后与相应的固定资产（如融资租赁的固定资产）	119 900					与资产类抵消为0
	310101	长期投资	10 000		10 000				10 000	与资产类抵消为0
	310102	固定资产	79 900		79 900				79 900	与资产类抵消为0
	310103	在建工程	28 000		28 000				28 000	与资产类抵消为0
	310104	无形资产	2 000		2 000				2 000	与资产类抵消为0
	3201	专用基金	7 000	结余分配形成	5 000	贷：8301 专用结余（福利基金、成果转化基金）		5 000		结转至"专用结余""非财政拨款结余"，原账余额为0
				收入及费用提取形成	2 000	贷：8202 非财政拨款结余（累计结余）	借：8001 资金结存	2 000		原账余额为0
	3301	财政补助结转	9 000	结转至"财政拨款结转"	9 000	贷：8101 财政拨款结转（累计结转）	借：8001 资金结存	9 000		原账余额为0
	3302	财政补助结余	300	结转至"财政拨款结余"	300	贷：8102 财政拨款结余（累计结余）	借：8001 资金结存	300		原账余额为0
	3401	非财政补助结转	1 000	结转至"非财政拨款结转"	1 000	贷：8201 非财政拨款结转（累计结转）	借：8001 资金结存	1 000		原账余额为0
	3402	事业结余								原账余额为0
	3403	经营结余	-200	借方余额转"经营结余"	-200	借：8401 经营结余	贷：8001 资金结存	200		原账余额为0

续表

科目类别	科目编码	会计科目	原账科目余额	明细分类及说明	分类明细金额	调整及结转分录（以下科目借贷方，应根据业务的具体情况判断）		按衔接规定调整及结转金额	调整后原账余额	调整后原账说明
						预算会计结余类科目	资金结存科目			
净资产类	3404	非财政补助结余分配								原账余额为0
合计							计算：调整后资金结存借贷方余额 60 750	60 750	计算：调整后（资产类-负债类=净资产类）余额 60 750	

填报说明：

（1）各单位应根据原账会计科目余额所涉及的具体经济业务情况，认真分析及细化分类，调整预算会计科目；原会计科目中含受托代理资产、受托代理负债需细化分类；资产、负债类科目中凡涉及原账"专用基金"来源的，需分析具体情况对衔接后"非财政拨款结余"及"专用结余"的影响；衔接过程中存在明细科目余额，可自行添加分类内容

（2）"原账科目余额列"填报原账各科目余额，应与2018年度决算报表相应科目余额数据一致

（3）"分类明细金额列"填报原账明细金额的分类事项，相关内容应按附表2-3中有关科目对应的资金性质信息汇总后对应填列（长期资产与非流动资产基金差异应分析填列至相应科目），任何明细科目分类的合计应与原账科目余额总额严格保持一致

（4）"按衔接规定调整及结转分录列"填报需进行预算会计衔接的金额，相应金额应等于分类明细金额列的对应数据（衔接的内容应为已设置调整及结转分录的内容）

（5）"调整后原账余额列"填报无须进行预算会计衔接的金额，相应金额应等于分类明细金额列的对应数据（由于原账货币资金类通过其相对应的事项内容进行衔接，本表中全部按留原账处理）

（6）调整后的预算会计资金结存借贷方余额=调整后原账（资产类-负债类=净资产类）余额（平衡校验）

附表 4-2　"8101 财政拨款结转"科目余额汇总表（案例分析）

单位：万元

借方			贷方			借贷方余额
科目	分析	余额	科目	分析	余额	
预付账款	财政补助资金预付	500	应缴税费	财政拨款应交	100	
其他应收款	对应财政补助	300	应付职工薪酬	财政补助资金应付	300	
库存材料	使用财政补助资金购入	100	应付票据	财政补助资金应付	50	
科技产品	使用财政补助资金支付	100	应付账款	财政补助资金应付	200	
待处置资产产损溢	使用财政补助资金支付	50	其他应付款	财政补助资金应付	100	
			长期应付款	财政补助资金应付	100	
			财政补助结转	结转至"财政拨款结转"	9 000	
合计		1 050	合计		9 850	8 800

注：反映原账科目分类明细对本项结存的影响，各项金额应与附表 3-27 中对应内容一致

附表 4-3　"8102 财政拨款结余"科目余额汇总表（案例分析）

单位：万元

借方			贷方			借贷方余额
科目	分析	余额	科目	分析	余额	
			财政补助结余	结转至"财政拨款结余"	300	
合计			合计		300	300

注：反映原账科目分类明细对本项结存的影响，各项金额应与附表 3-27 中对应内容一致

附表4-4 "8201 非财政拨款结转" 科目余额汇总表（案例分析）

单位：万元

借方			贷方			借贷方余额
科目	分析	余额	分析	科目	余额	
应收票据	专项收入	50	非财政拨款专项资金应交	应缴税费	100	
应收账款	专项收入	200	非财政拨款专项资金应交	应缴税费	100	
预付账款	非财政补助专项资金预付	11 500	非财政补助专项资金应付	应付职工薪酬	300	
其他应收款	对应非财政专项资金	200	非财政补助专项资金应付	应付票据	50	
库存材料	使用非财政补助专项资金购入	100	非财政补助专项资金应付	应付账款	200	
科技产品	使用非财政补助专项资金支付	100	预收专项资金	预收账款	40 000	
待处置资产损溢	使用非财政补助专项资金支付	50	非财政补助专项资金应付	其他应付款	100	
			非财政补助专项资金应付	长期应付款	50	
			结转至"非财政拨款结转"	非财政补助结转	1 000	
合计		12 200	合计		41 900	29 700

注：反映原账科目分类明细对本项结存的影响，各项金额应与附表3-27中对应内容一致。

附表4-5　"8202 非财政拨款结余"科目余额汇总表（案例分析）

单位：万元

借方科目	借方分析	借方余额	贷方科目	贷方分析	贷方余额	借贷方余额
短期投资	原账余额（现金资产投资）	100	短期借款	原账余额	500	
应收票据	非专项收入	100	应缴税费	非财政拨款非专项资金应交	100	
应收账款	非专项收入	1 300	应缴税费	非财政拨款非专项资金应交	100	
预付账款	非财政补助非专项资金预付	1 500	应付职工薪酬	非财政拨款补助非专项资金应付	700	
预付账款	收入及支出提取形成的资金预付	100	应付票据	非财政拨款补助非专项资金应付	50	
其他应收款	对应非财政补助非专项资金	200	预收账款	非财政拨款补助非专项资金应付	200	
其他应收款	收入及支出提取形成的非专项资金预付	100	预收账款	预收非专项资金	4 500	
库存材料	使用非财政补助非专项资金购入	100	其他应付款	非财政拨款补助非专项资金应付	100	
库存材料	收入及支出提取形成的资金购入	50	长期借款	原账余额	300	
库存材料	已形成收入（如无偿调入、接受捐赠的库存材料等）	50	长期应付款	非财政拨款补助非专项资金应付	50	
科技产品	使用非财政补助非专项资金支付	100	事业基金	结转至"非财政拨款结余"	13 000	
科技产品	收入及支出提取形成的资金支付	50	专用基金	收入及费用提取形成	2 000	
科技产品	已形成收入（如无偿调入、接受捐赠的科技产品等）	50				
待处置资产损溢	使用非财政补助非专项资金支付	50				
待处置资产损溢	收入及支出提取形成的资金支付	20				
待处置资产损溢	已形成收入（如无偿调入、接受捐赠的库存材料等）	50				
合计		3 920	合计		21 600	17 680

注：反映原账原科目分类明细对本项结存的影响，各项金额应与附表3-27中对应内容一致

附表 4-6　"8301 专用结余" 科目余额汇总表（案例分析）

单位：万元

借方			贷方			借贷方余额
科目	分析	余额	科目	分析	余额	
预付账款	结余分配形成的资金预付	200	专用基金	结余分配形成	5 000	
其他应收款	结余分配形成的资金预付	200				
库存材料	结余分配形成的资金购入	50				
科技产品	结余分配形成的资金支付	50				
待处置资产产损溢	结余分配形成资金支付	30				
合计		530	合计		5 000	4 470

注：反映原账科目分类明细对本项结余存的影响，各项金额应与附表 3-27 中对应内容一致。

附表 4-7　"8401 经营结余" 科目余额汇总表（案例分析）

单位：万元

借方			贷方			借贷方余额
科目	分析	余额	科目	分析	余额	
经营结余	借方余额转 "经营结余"	200				
合计		200	合计			−200

注：反映原账科目分类明细对本项结余存的影响，各项金额应与附表 3-27 中对应内容一致。

附表 4-8 新账预算结余类科目余额汇总表（案例分析）

单位：万元

科目名称	余额	备注
8001 资金结存（各明细科目）	60 750	等于附表 2-1 中 "资金结存科目" 列（借方－贷方）金额
8101 财政拨款结转	8 800	等于附表 2-2 中调整后预算会计科目余额
8102 财政拨款结余	300	等于附表 2-3 中调整后预算会计科目余额
8201 非财政拨款结转	29 700	等于附表 2-4 中调整后预算会计科目余额
8202 非财政拨款结余	17 680	等于附表 2-5 中调整后预算会计科目余额
8301 专用结余	4 470	等于附表 2-6 中调整后预算会计科目余额
8401 经营结余	−200	等于附表 2-7 中调整后预算会计科目余额
平衡校验:	校验通过	"资金结存" = "各专项结存合计数"

注：根据附表 3-27 至附表 3-33 中衔接至预算会计各科目余额登记

附表 4-9　原账不涉及预算会计核算（衔接）的科目对应的货币资金（案例分析）　单位：万元

科目编码	会计科目	原账不涉及预算会计核算明细分类及说明	分类明细金额	备注
1211	应收票据	发生时不计入预算收入（如转让资产需上缴财政款等）	50	
1212	应收账款	发生时不计入预算收入（如转让资产需上缴财政款等）	100	
1215	其他应收款	周转类（如支付的押金、为职工垫付的款项等）	400	
1301	库存材料	未支付资金且未对应计入收入	250	
1302	科技产品	未支付资金且未对应计入收入	250	
1401	长期投资		10 000	
1501	固定资产	原制度平行记账，一般与"非流动资产基金—固定资产"金额一致；若不一致，加"长期应付款"等科目后应相同（如融资租赁的固定资产），为便于直观计算，建议净资产类抵消为 0	119 000	对应非流动资产基金及长期负债类
1502	累计折旧		40 000	
1511	在建工程	说明：现金资产投资不应调整了"事业基金"，等同已列支而平行记账	28 000	
1601	无形资产		3 000	
1602	累计摊销		1 000	
1701	待处置资产损溢	处置资产未支付资金且未对应计入收入	50	
1701	待处置资产损溢	处置资产价值—非流动资产	1 000	对应非流动资产基金及长期负债类
1701	待处置资产损溢	处置过程净损益（借方余额正数列示，贷方余额负数列示）	100	
2102	应缴国库款		200	
2103	应缴财政专户款		100	
2201	应付职工薪酬	发生时不计入预算支出	100	
2301	应付票据	发生时不计入预算支出	50	
2302	应付账款	发生时不计入预算支出	400	
2305	其他应付款	收入类（待确认的收入）	300	

续表

科目编码	会计科目	明细分类及说明	分类明细金额	备注
2305	其他应付款	周转类（如收取的押金、保证金等）	200	
2305	其他应付款	受托代理负债	200	
2402	长期应付款	发生时不计入预算支出（如融资租赁的固定资产）	100	
310101	非流动资产基金—长期投资		10 000	
310102	非流动资产基金—固定资产	原制度平行记账，一般与资产类相应科目的净值金额一致；若不一致，加"长期应付款"等科目后应相同（如融资租赁的固定资产），为便于直观计算，建议与净资产类抵消为0	79 900	对应非流动资产类
310103	非流动资产基金—在建工程		28 000	
310104	非流动资产基金—无形资产		2 000	
留存原账货币资金额			350	